Best Time

白马时光

幸福的艺术

〔意〕弗兰西斯卡·科森蒂诺 著
徐旭 译

百花洲文艺出版社
BAIHUAZHOU LITERATURE AND ART PRESS

图书在版编目（CIP）数据

幸福的艺术 / (意) 弗兰西斯卡 · 科森蒂诺著 ; 徐旭译 . —南昌 : 百花洲文艺出版社 , 2021.11
ISBN 978-7-5500-3905-6

Ⅰ . ①幸… Ⅱ . ①弗… ②徐… Ⅲ . ①生活方式—介绍—北欧 Ⅳ . ① D753.083

中国版本图书馆 CIP 数据核字（2020）第 211267 号

江西省版权局著作权合同登记号：14-2020-0338

幸福的艺术 XINGFU DE YISHU

〔意〕弗兰西斯卡 · 科森蒂诺 著 徐旭 译

出 版 人	章华荣
出 品 人	李国靖
特约监制	朱 敬
责任编辑	游灵通
特约策划	王云婷
特约编辑	武亭立
封面插画	LOST7
封面设计	璞茜设计 2815932450@qq.com
版式设计	陈 飞
出版发行	百花洲文艺出版社
社 址	南昌市红谷滩区世贸路 898 号博能中心 I 期 A 座 20 楼
邮 编	330038
经 销	全国新华书店
印 刷	天津融正印刷有限公司
开 本	787mm × 1092mm 1/32
印 张	8
字 数	106 千字
版 次	2021 年 11 月第 1 版
印 次	2021 年 11 月第 1 次印刷
书 号	ISBN 978-7-5500-3905-6
定 价	49.80 元

赣版权登字：05-2020-216

发行电话 0791-86895108 网 址 http://www.bhzwy.com
图书若有印装错误，影响阅读，可向承印厂联系调换。

前言

“故事开始的时候，少有人知其始末缘由”，瑞典作家弗雷德里克·斯约伯格在《逃脱的艺术》一书中如此写道。[①]但于我而言，敲定此趟北欧之旅的第一站——斯德哥尔摩要容易许多。读者也可在阅读中究其原因。

世界之大，不外乎两种地方，一种平淡无奇，有如过眼云烟；另一种震撼心灵，让人难以忘怀。在我心目中，斯德哥尔摩属于后者，正是在这里，关于本书的构想诞生。它就像一本故事集，娓娓讲述着有关北欧生活方式、设计、美食、文学、当代文化与传统文化的故事。

我将自己对北欧的深厚感情倾注于此书，我们将在它的指引下，从瑞典到丹麦，再到挪威与芬兰，一步步探索北欧的奥秘。它也是一本旅行笔记，我试图借此梳理记忆、

---

① 弗雷德里克·斯约伯格是 2016 年搞笑诺贝尔文学奖得主，著有三卷自传体巨著，介绍了自己在搜集死苍蝇或者快死掉的苍蝇时体会的乐趣。《逃脱的艺术》为其中的第二部。（若本书注释未作说明，均为译注。）

情感和灵感。但更重要的是，这趟轻松愉悦的旅程遵循着斯堪的纳维亚式价值观和美学观念。若将此趟行程比作音乐，我定会将它保存至收藏列表，循环播放。

北欧国家的强大不仅源于其民族根源和特性，还源于他们对未来极为明确的规划，这些国家深知如何让幸福成为真正的艺术。不论是瑞典语中的“Lycka”①，还是尽人皆知的丹麦语中的“Hygge”②，都不仅仅是一个简单的单词、概念或定义，而是一种个人和社会共同认可的生活选择和生活方式。在斯德哥尔摩及其他北欧国家首都，如哥本哈根、奥斯陆及芬兰首都赫尔辛基，如今越来越多的人选择暂时逃离工作和琐事去寻求幸福和平衡，去实践原汁原味的北欧生活观，他们花时间创造美好生活，也花时间享受美好生活。这样的社会环境不仅教你展望未来，也能让你享受当下。

我首次接触斯堪的纳维亚地区是在20世纪70年代，那时我还是个孩子，第一次和家人坐长途汽车旅行，我们从

---

① Lycka，瑞典语中“幸福”的意思，与下文中的“Hygge”寓意非常相近。

② Hygge，指舒适惬意地度过一段时光，是丹麦人的一种生活方式。柯林斯词典将它解释为“创造一种舒适的环境来提高幸福指数”。

意大利一路来到挪威。对我来说，那儿一直都是个幸福洋溢、让人难以忘怀的地方。那段经历点燃了我对旅行的热爱，对了解不同国家、不同文化的渴望刺激我不断尝试学习其他语言。最近，我就正在学习瑞典语。

几年前，我再次来到北欧，之后又多次往返。如果我有选择的机会（谁知道呢！或许有一天，我真有这样的机会），我一定会在这个我心中的理想之地定居。那是一个有水、有公园、可以畅快骑行的地方，它静谧、现代、充满活力。在那里，机遇与挑战并存；在那里，人们有社区意识、分享意识并且互相信任；在那里，人们尊重公共事务，爱护环境，怀揣着一颗对大自然的敬畏之心。

若我此刻闭上眼睛，浮现在眼前的正是桑达岛[①]的小码头和两张面朝波罗的海的木制躺椅，又或是南方剧院[②]露台上的日落胜景，斯德哥尔摩在无限的夏日阳光下展现着它的绚丽风姿。或许，“北欧依赖症”的确存在。

① 桑达岛，瑞典东南部一个受欢迎的波罗的海度假小镇。

② 南方剧院，位于斯德哥尔摩南城，建于 1852 年，是瑞典最古老的剧院之一。

目录 *contents*

慢和慢的两倍

PART 1

北欧风格

PART 2

关于美食的学问

PART 3

contents **目录**

午夜大事记 PART 4

目录 *contents*

无边无际 PART 5

这就是斯堪的纳维亚地区

独有的“慢”

PART 1

慢和慢的两倍

在快和慢之间该如何抉择呢？北欧国家能够在创新与传统、发展与守旧之间找到一个恰到好处的平衡点，他们谋求发展，却不急功近利。

丹麦、瑞典、挪威和芬兰都是充满机遇的国家，在这里，人们不仅为自己的民族身份感到自豪，而且以一颗宽大之心接纳其他民族；在这里，人们有着强烈的集体归属感；在这里，人们满怀信心地展望未来并为之奋斗。这片土地生机盎然，以人为本，它张开双臂热情地迎接新事物，也默默坚守着自己古朴的生活方式；它在开辟新的发展道路的同时，也不曾忽略当下的生活。

这就是斯堪的纳维亚地区独有的慢。在遥远的欧洲北部，幸福与美好从来不曾缺席。

幸福的公式

我们的国民生产总值并没有考虑到孩子们的健康，也不能保障他们的教育质量，甚至不能保证他们玩耍的乐趣。它不能使我们诗词优美，不能使我们婚姻美满，不能使我们拥有公开辩论的睿智……总之一句话，它衡量一切，只是不包括对我们生活有意义的东西。

——罗伯特・肯尼迪

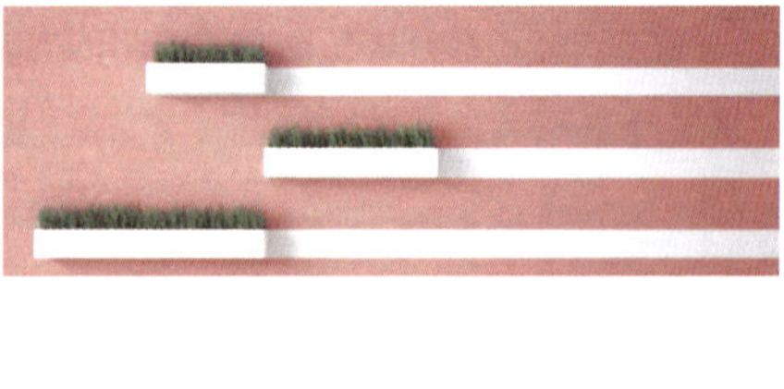

幸福属于北欧，不论是联合国的《全球幸福指数报告》，还是经合组织关于生活质量的研究，又或是教科文组织关于人类发展的研究，都印证了这一点。在诸如此类的国际排名中，丹麦稳居榜首多年，被称为“世界上最幸福的国家”。如今，人们认为这里充满机遇，是一个能让梦想生根发芽的国度。在这片土地上，安徒生童话中的丑小鸭总能蜕变成美丽的天鹅。当然，挪威也榜上有名，这不仅归功于其丰厚的福利水平，也归功于挪威的社会人文环境和人与自然的和谐共生。而芬兰和瑞典则以生活方式胜出，且常年稳居前列。

衡量一个民族的幸福程度并不仅仅依据富裕程度和经济增长速度，人们预期寿命、社会支持水平、选择自由程度、国民幸福感及国民慷慨程度等都是重要的参考因素。

关于提高幸福指数，北欧国家自有锦囊妙计，并能以此扭转深深植根于我们地中海人心中“漫长且黑暗的冬天容易使人沮丧和不满”的刻板印象。事实上，在社会和平、失业率较低、育婴假合法化和男女平等的基础上另辅以公民强烈的社区意识、公民履行义务的自发自觉性、国民工作与生活的完美平衡、国民对政府机构的信任及完善的教育体系，北欧五国人民足以生活得相当幸福。

强烈的幸福感也使得北欧人能更好地应对在社会中不可避免会遇到的困难、挑战及各种个人困境。在丹麦，人们习惯用“Hygge”来对抗当今时代的焦虑，这对他们而言是一种神奇的幸福公式。可以说，“Hygge”是丹麦人创造的一种放松身心的日常生活。如今，这种日常已是哥本哈根幸福研究所的研究课题，也是很多文章和书本的主题，正如哥本哈根幸福研究所的首席执行官迈克·维金所言：

> 莎士比亚的《罗密欧与朱丽叶》中有句名言：“名字有什么相干？我们叫作玫瑰的，叫任何别的名字，仍然一样地芬芳。”我想，这句话也适用于“Hygge”。

那么“Hygge”到底意味着什么呢？实际上，这个词与丹麦文化有着非常紧密的联系，我们很难在其他语言中找到一个与之对应的表达。它在 19 世纪初由挪威语演变而来，本义为“舒适”，在今天代表着一个更为宽泛的概念：一种有关情绪、经历、灵魂、生活方式、氛围、亲密感和放松状态的积极情感。“Hygge”现已被录入英国牛津词典，它是丹麦的代名词，也是人们心中理想的生活状态。

为将北欧的幸福秘诀推向全世界，迈克·维金和由一组社会学家和人类学家成立的研究小组大力宣传“Hygge”文化，并将其申报为联合国教科文组织非物质文化遗产，以便能让它以丹麦独有的社会文化而为人熟知。同时，他们也在哥本哈根开设幸福课程，并且取得了一些成效。

每年的 3 月 20 日为全球幸福日，它的设立旨在鼓励人们追求幸福。那么如何才能以北欧人的方式过得幸福呢？

冬日雪夜，在昏黄烛光下守着壁炉，端一杯热巧克力或葡萄酒，裹上毛毯，细细品味莫扎特的钢琴曲，静静地欣赏窗外飘扬的雪花，这样就已足够“Hygge”。“Hygge”也可以是读一本好书，穿温暖舒适的毛衣，和朋友一起大笑，买一盏充满设计感的灯，翻看老照片。

简而言之，幸福需要我们和他人携手从点滴打造，就像用彩色砖块建一所漂亮的房子，然后自在地生活在世界某个安静的角落。

瑞典语中的幸福是“Lycka”，它也意味着好运，是一个充满积极性的词语。像丹麦人一样，瑞典人也有一个专门定义他们生活方式的词语——“Lagom”。

实际上，“Lagom”是一种对平衡和折中的追求，是希望事物都在正确的轨道上运行，是一切都恰如其分，是一种不多不少的完美状态，也是理想中的宁静时刻。它也可以是一种感觉，一种印象，一种优雅却不用力过度的穿衣方式，阅读一本书的悠闲时光，那些不用露面、无须表现自己迎合他人的平静日子。

简而言之，“Lagom”是一个已经上升至美学观念的北欧理念，逐渐被越来越多的人所熟知，英国的一本电子杂志就是以它命名的。

“与喧嚣的人群保持距离。”“Lagom”也推崇适当脱离社交媒体，多与他人面对面接触。这是对慢节奏与保持心境平和的颂歌，也是一种抗压方式。

这样一来，我们就可以把时间留给自己，亲手制作一些东西，种一棵树，过一种不浪费自然资源的可持续生活。

瑞典人的“Lagom”观念也体现在食品消费上：超市里

半脱脂的牛奶，即既非全脱脂也非不脱脂的牛奶，更受瑞典人喜爱。这是他们“刚刚好”的生活哲学，它也体现在对啤酒和葡萄酒的饮用量的把控上。为避免国民饮酒过量、减弱国民的酒精依赖度，瑞典出台了相关政策限制购酒：浓度 3.5% 以上的酒精饮品只能在国营专卖店 Systembolaget 购买，购买时要出示带有照片和年龄的有效证件。国营专卖店成立于 20 世纪 50 年代，周末会缩短营业时间，在这里购买酒，年龄不得低于 20 岁。

挪威语中的幸福是“Lykke”。谈及幸福，奥斯陆自然不会缺席，作为挪威首都，奥斯陆不断重塑自身，致力吸引年轻人和各行业人才。在这个以缩小各项差异为己任的社会中，时刻微笑着的挪威人甚至能够超越丹麦人而跃居《全球幸福指数报告》榜首。社会公共服务的良好运作是他们能够幸福、满意地生活在这片土地上的基石。

冬季的挪威的确黑暗无比，但影响情绪的因素数不胜数，或许与之相比，漫长的极地冬夜所带来的压抑情绪微乎其微。

挪威人每年都向政府缴纳高额的税费，但他们得到的回报也同样丰厚，在其他北欧国家也是如此。除此之外，令他们倍感自豪的还有本国极高的社会清廉程度。国民幸福度除了与福利相关，还关乎信任和透明度。2018 年“无国界记者”组织发布的《全球新闻自由指数报告》显示，挪威在全球 180 个国家与地区中，新闻自由度排名第一。

那芬兰语中的幸福是什么呢？既然兄弟国都在不断推出新式词语，芬兰当然也不甘落后，它自有其独一无二的词语表达幸福。

“Kalsarikannit”是芬兰语中的幸福，它是名副其实的“芬兰原创”，近年来在国际上也小有名气，芬兰人用它来定义纯粹的放松时刻，而非一种生活方式。于芬兰人而言，他们称之为“Kalsarikannit”的幸福就是没有丝毫外出欲望，只想穿着舒适的衣服，安静地待在家里，品一杯好酒，感受时间的流逝。

谈及平静、慢节奏与放松，芬兰人自有其独一无二的理念。几乎每个芬兰人都有自己的小木屋，它一般离家几小时路程，不通电，也不装暖气和电视机，芬兰人会在这里听收音机、锯木、蒸桑拿，用典型的芬兰方式度过一段休闲时光。

芬兰发布的国家表情符号

高度现代化的芬兰还开创过一个奇特的小先例：世界上第一个发布官方表情符号的国家。这批官方表情符号首次出现在外交部的圣诞日历上，现也应用于智能手机。它是芬兰生活方式的生动图文体现，人们以此传递情感、表达情绪。

这 50 多个芬兰出品的表情符号中有一些是芬兰的人物形象，有一些则代表着他们的习惯和生活方式。比如森林象征着对户外和宁静的渴望；赫尔辛基大教堂前的北极熊象征着需要被保护的北极动物；还有坚不可摧的诺基亚 3310 手机，即使是在今天，芬兰的研发人员也会引以为豪；以芬兰蓝莓为原型的“超级美食”因为在绵长的夏日里吸收了足够的阳光，从而富含着比其他任何浆果都要高的维生素含量和抗氧化成分；被芬兰人视为民族象征的羊毛袜是温暖和舒适、爱和家、健康和幸福的代名词，羊毛袜要是由祖母亲手缝制的，那就更贴心了。

斯堪的纳维亚式慢生活

每个人的心底都住着一位集蝇者，只是我们没有意识到。

——弗雷德里克·斯约伯格
《苍蝇陷阱》

“我们是没有压力的瑞典人。”在北欧国家，对慢的推崇其实在无形之中提高了效率，慢和高效这两者并不互相矛盾。在北欧，慢意味着生活质量，意味着知道如何不慌不忙地度过属于自己的时间，还意味着生活在绿色、以人为本和可持续发展的城市；而北欧效率则体现在完善的基础设施、高效便捷的城市交通、较高的创新能力和高度现代化方面。北欧国家目光长远，瑞典政府成立了世界唯一一个未来发展部，该部门主要负责阐释和推动有关发展的新想法和新愿景，从而高效处理经济、金融和社会问题。

挪威也清楚地知道自己的转型方向。过去，可观的石油利润使挪威成为世界最富有的国家之一。现在，它瞄准可再生能源和新技术，与大自然建立起了密切的联系。仅从森林覆盖面积占城市总面积的一半这一点就不难看出奥斯陆是环境的忠诚捍卫者。如今，它正在为环境保护谱写新的篇章：大面积安装能为电动汽车充电的充电桩。奥斯陆西区的弗朗纳居民区有不少电动和混合动力汽车，在这里经常能看到一些价值不菲的特斯拉停下来在充电桩上充电。

挪威人高度关注能源和环境问题，并以此为主题拍摄了电视剧《占领区》。北欧犯罪小说家尤·奈斯博创作的这部政治惊悚片以不久的将来为背景，讲述了一个关于能源危机的故事。

绿色首都奥斯陆也为“北欧大都市”这个身份而自豪，它不惧冒险，敢于推出像“条码海岸”这样前卫的建筑项目。“条码海岸”，顾名思义，是一排多用途的摩天大楼共同拼合而成的组合形象，建筑物配合彼此的空隙，创造了一种条形码的形象。它们或高或矮，或白或黑，或怪异或可爱，明亮又惹眼，在低到能触碰到地平线的太阳下矗立着。这些建筑在广受人们喜爱的同时，也备受争议，它们彻底改变了比约维卡区港口盆地的整体面貌，要知道，以前，低矮建筑物才是这片区域的特色。在晴朗春日的落日时分，从奥斯陆歌剧院屋顶望去，这群建筑物就如峡湾水域的巨大冰山般宏伟壮观，给人以无限美的享受。

挪威仅有 500 多万居民，奥斯陆作为这个国家的领头城市，不仅维持着国民极高的生活水准，还不断为未来的发展探索新的道路，完美诠释了“老虎之城”的称号。

奥斯陆中央火车站前雄伟的老虎雕像就充分体现了它对发展的渴望，这座长 4.5 米的老虎雕像出自雕刻家埃琳娜 · 恩格尔森之手，是她于 2000 年献给奥斯陆的贺礼。老虎雕像深受当地居民喜爱，现已成为奥斯陆强大实力和蓬勃活力的象征。其灵感来源于 1903 年诺贝尔文学奖得主挪威诗人比昂斯滕 · 比昂松于 1870 年发表的诗歌——《最后一首歌》，诗歌描述了象征农村的马和象征城市的老虎之间的一场斗争：

奥斯陆条码海岸

我曾听说，在西班牙的一个宴会上，他们先在竞技场上放出一匹野马，随后放出一只老虎，老虎在无声的愤怒中徘徊了片刻，就扑向了它的猎物。

北欧对创新的推动也在一定程度上弥补了严酷的自然环境带来的劣势。为使居民的生活更加便捷，挪威建立了世界上第一条船舶隧道。这条隧道长约 2000 米，宽 36 米，高 46 米，工程量巨大，建成后将可协助船舶避开挪威西南沿岸一段崎岖且变化莫测的航道。这段航道所在的海域风高浪急，一年中有 100 多天的恶劣天气，经常出现风暴。当

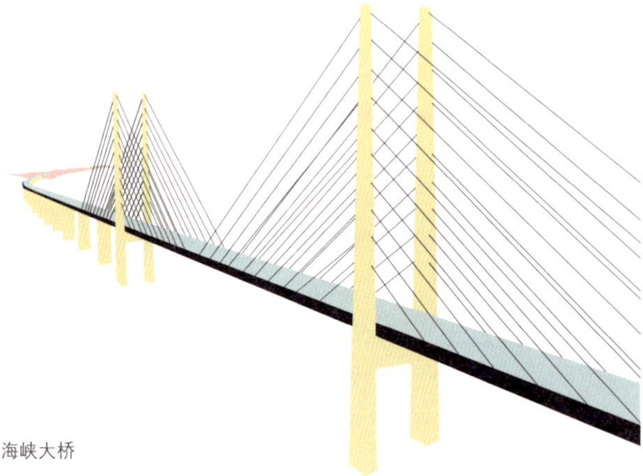

厄勒海峡大桥

激流、狂风和海浪一齐袭来的时候，即便是维京人这样经验丰富的航海专家，也招架不住。因此，挪威人在斯塔特半岛[①]的最窄处挖通隧道，开辟了一条保障往来船只安全的快捷通道。

厄勒海峡大桥的名字——“Øresundsbron”是由丹麦语和瑞典语组合而成的，从这个名字就能看出它在丹麦和瑞典两国的互通有无上发挥的重要作用。大桥连接着丹麦和瑞

① 斯塔特半岛，位于挪威西南海岸，是挪威最危险的海域之一。

典，是一条公路铁路两用、横跨厄勒海峡的双层大桥。

自 20 世纪 30 年代起，两国人民就梦想能够跨越厄勒海峡这道无法逾越的天然屏障而互通有无。20 世纪 90 年代，两国签署合建大桥协议，正式启动伟大的建桥项目。大桥肩负重任，很受人们关注，北欧惊悚片《桥梁》（剧名“Bron-Broen”，也是由瑞典语和丹麦语组合而成的）就是以它为主角，讲述了发生在两个海岸和两个国家之间关于这座桥的故事。

大桥斥资 30 多亿欧元建成，颇具未来主义风格，它横跨厄勒海峡，始于瑞典马尔默，途经人工岛，而后进入一段铁路与公路合用的海底隧道，最终抵达丹麦。这样一来，仅凭借高速列车就可轻易连通两个首都。它也缩短了拉普兰与地中海的距离，使得人们在没有船的情况下也能在两地之间往来。

若想去丹麦首都一探究竟，一辆两个轮子的自行车就够了。哥本哈根虽小，但在某些方面却处于领先地位。比如，自 2016 年起，哥本哈根路上行驶的自行车就远远多于汽车。这不仅仅是一个数字或基础设施的问题，它关乎哥本哈根精确的监控系统。这个由 20 个永久性传感器组成的网络监控系统，可以精确区分自行车、私家车和出租车的出行。

短短 20 年，丹麦的自行车流通量增长了近 70%。如今，这里只有 1/4 的居民拥有汽车，可谓是一个具有重大意义的进步。尽管居民停车场和汽车共享非常方便，但在哥本哈根，两个轮子的出行方式比公共交通还要受欢迎。在城市骑行就像步行，安全、轻松、自然、随意。即便是在下雪的冬天，丹麦人也更习惯骑车去上班、上学和购物，但这也给不骑车的人造成了交通拥堵。

瑞典在创新和竞争力方面仅次于韩国，位居世界第二，多年来一直保持着 3% 左右的创新力提高水平，创新力提高

之快一如往来斯德哥尔摩至阿兰达机场的快速列车。这趟列车时速高达 200 公里，单程仅需 20 分钟，每年运送近 400 万名乘客。乘坐无须纸质票与电子票，也无须借记卡与现金，信用卡轻轻一划，列车员就可核对支付状态。

如今，瑞典的纸币和硬币流通量越来越少，人们已不再用其支付公共交通费用，那个在 1661 年就已发行纸币成为欧洲最早使用纸币的国家正设法消除纸币。

在高度现代化的斯德哥尔摩，信用卡和手机支付甚至也被用于教堂捐赠。按照这个速度，数字支付领域的领头羊——瑞典王国将有可能成为全球首个无现金、仅使用专属虚拟货币“电子克朗”的国家。“电子克朗”将由瑞典央行发行并保证其支付的安全性。或许，瑞典告别纸币的脚步太过匆忙，会让北部偏远地区的人们措手不及，在发生重大的自然或技术革新事件之际，这些地区可能会因为无法使用塑料货币（即信用卡），从而变得孤立无援。

在阿兰达机场至斯德哥尔摩的列车抵达的那一刻，瑞典人又都重拾不慌不忙的节奏：我们不是在一个盎格鲁 - 撒克逊国家，高效可不意味着要匆匆忙忙。瑞典北部托尔内奥市有一个议员甚至提议：在工作时间内给上班族 1 小时回家和自己的另一半做爱，以此改善心情，提高效率。

在斯德哥尔摩，排队都是慢悠悠的，人们买东西时精挑细选，完全不赶时间。即便堵车，也不见瑞典人着急，但其实瑞典也根本不会堵车，想必这也是他们倍感幸福的原因之一。

能够悠闲地生活在大都市之中是一件很棒的事情。想跑步的话，也可以乘电车或沼气巴士，或者骑自行车前往动物园岛[①]。那里有近 300 公顷的绝美绿洲和无数条清幽小径。

① 动物园岛，瑞典斯德哥尔摩中部的一大岛屿，岛上有一些历史建筑、画廊、主题公园和博物馆，如斯堪森博物馆和北欧博物馆，是斯德哥尔摩人最喜欢的旅游目的地之一。

骑行者的天堂

开车太快，
步行太慢，
自行车刚刚好。

——安德烈·比利

不仅仅幸福指数超高的哥本哈根大力推广两个轮子的出行方式，其他几座北欧姐妹城市也在努力达成各自的生态可持续发展目标。踩着单车出行令丹麦人、挪威人、瑞典人和芬兰人倍感自豪。他们认为，每天和大家一起在城市的自行车道和街道上骑行数公里就好像是在环游世界。想要融入他们，以北欧的方式生活，只要沿着港口长达 13 公里的海滨环线①骑行一圈就够了。

“电动车王国”奥斯陆也丝毫不掩饰它对自行车的喜爱。作为 2019 年的“欧洲绿色之都”，它一直在寻找可持续发展之路。在奥斯陆市中心游览观光，不必非得拥有一辆属于自己的自行车。每年的 4 月到 11 月，只要在手机上下载“奥斯陆城市单车”应用程序，就能在这里 100 余个自行车停靠点中的任意一个租辆自行车。如此一来，本就十分高效的城市公共交通系统就更加完善了。在这样一个人口不足 70 万且冬季无比漫长的城市，仅 2017 年度共享单车使用次数就高达 260 万，

① 海滨环线，途经 12 个不同区域，全长 13 公里。

由此可见，共享单车在奥斯陆取得的巨大成功。但骑行者的最佳拍档奥斯陆并不仅限车轮与各种奇思妙想，它能给人们带来各种各样的体验。

在这里可以找到一些充满地方特色的好去处，比如位于托尔加塔路[1]的佩拉顿咖啡吧，人们可以在这里修自行车、听音乐、吃比萨、和其他骑行爱好者一起观看环法自行车赛的最后赛段。

① 托尔加塔路，奥斯陆市中心的一条街道，以众多的餐馆和咖啡吧而闻名。

赫尔辛基也在为自行车的普及做着一些努力。在未来几年内将单车出行占比增加至少 15%是赫尔辛基接下来的目标，尽管在这里，单车出行已相当普遍。但芬兰人确信，在单行道、预留车道和正规的自行车道之间，自行车道一定是最方便的。

秉承着这样的想法，他们改造了赫尔辛基废弃的老旧铁路。这条铁路曾横穿整个城市，肩负着中央火车站至港口之间货物运输的重任，芬兰人在保留工业历史的基础上，将它大面积改造成人行道和自行车道。

就这样，老铁路于 2012 年正式改换面貌，人们将其称为“Baana”[①]。它堪称是北欧版的纽约高铁。

自行车道的增加不仅会使未来的赫尔辛基更加宜居，也将为整个社会带来各种益处。通过计算得出，每在公共交通上投入 1 欧元，就可节省至少 8 欧元。在如今出行成本越来越高的大环境下，对公共交通的投资绝对稳赚不赔。芬兰共有 70 多条正规自行车道和数百条或许只有当地人才知道的“小路”。

① Baana，芬兰俚语，意为“铁路”，来自瑞典语的 bana 和德语的 Bahn。

赫尔辛基也有相应的自行车租赁系统，它能为人们提供 1500 辆可供使用的单车，车的外形与奥斯陆那些非常相似，春夏两季，人们可根据需要自行租赁。

瑞典也是世界上大力推进可持续发展的主要国家之一，其一半以上的能源都是可再生的，几乎所有生活垃圾都能够被回收利用。早在 20 世纪 90 年代中期，斯德哥尔摩就将位于哈默比的老旧工业区改造成了一个环境友好型的现代化居住社区。

从生态交通到能源、从与大自然的和谐共生到废物管理，以及对自行车出行的大力推动，这个如今被称作“哈默比湖城”的老旧工业区堪称城市发展的典范。

斯德哥尔摩有 14 个小岛、57 座桥和 6 个公园，在这样一座城市，骑单车会是一种享受。这里传统的自行车租赁已无法满足人们的需求，共享单车日渐流行。除了每年都要设立新的自行车停放点外，原已十分密集的自行车道网也在不断扩张。值得注意的是，尽管骑行者礼让他人，但这并不意味着行人可以随意侵占自行车道。

不单单是共享单车，只要有关环境保护，瑞典便会化身智囊团，能想出各种各样的锦囊妙计。比如大力投放能为电动汽车快速充电的充电桩，在 2045 年实现零排放目标。2018 年年初，瑞典在斯德哥尔摩北部的街道上试运行无人驾驶巴士，开创了斯堪的纳维亚地区无人驾驶的先例。

无人驾驶巴士体形较小，一次只能容纳 12 个人，时速 20 公里，行驶路线提前设定，同时借助 GPS 和电子传感器以确保行驶时不会脱轨。车里没有方向盘，但必要时，司机仍可上车手动操控。

早在正式运行之前，科研人员就已在希斯塔地区进行过多次测试。希斯塔作为瑞典科学城，是欧洲第一、世界第三大新技术中心，被人们称作“瑞典的硅谷”，是一个“早餐都在吃文化和技术”的地方。乘客行为也是无人驾驶巴士项目的研究重点，它由一家运输公司和希斯塔一些大公司的研究人员合力完成。

斯德哥尔摩引以为豪的还有另一项创举——第一条电气化道路的建成。这条道路连接了斯德哥尔摩阿兰达机场货运站和鲁瑟什贝格物流区，全长 2 公里，由许多节 50 米的独立路段构成，能为在上面行驶的电动汽车和卡车充电。它通过车辆底部连接的移动臂将电能从道路的两条轨道传向车辆电池，类似给儿童玩具车充电的电动轨道的放大版。瑞典计划在更多道路上实施此项目，从而完全弃用化石燃料。

早在很多年之前，瑞典就在寻求创新性的环境保护方案，1996 年，瑞典韦克舍[①]通过提高能源效率、推广自行车出行成为世界第一个致力可持续发展的城市。

总是充分利用着大自然的每一个馈赠的瑞典人，自然不会白白浪费夏季阳光带来的充足太阳能。他们在皇宫的屋顶上安装了 600 块太阳能电池板，用以满足王宫 10% 的年度用电需求。电池板安装当天，一位特殊的“瑞典环境保护大使”——国王卡尔十六世 · 古斯塔夫头戴蓝色工人帽，登上屋顶参与了安装工作。

如今的瑞典除了环境保护的新想法不断涌现，人们对于大自然的关注度也越来越高，开始将目光投向对珍贵的“哨兵”物种——蜜蜂的保护以及促进蝴蝶的繁殖等。

“Plogging 健康行”也是在瑞典诞生的。“Plogging”是由瑞典语的“捡垃圾”（ plocka upp ）和“慢跑”（jogga）

---

① 韦克舍，瑞典克鲁努贝里省的一座城市。

两个单词组合而成的，意思是一边跑步，一边清除路边的垃圾，近年来风靡全球，带动了环保热潮。

但如此爱护环境的瑞典人也会因为无法克制对狩猎的热爱而遭受批判。时至今日，在整个瑞典，尤其是在辽阔又纯净的北部地区，狩猎仍是最受人们喜爱的“国民娱乐活动”之一。

咖啡仪式

收银台所在的柜台非常大，就好像邮票一样容得下世界上最大的咖啡机。

——索尔维赫·琼斯多蒂尔
《雷克雅未克咖啡厅》

要认为咖啡是地中海特权那可就大错特错了。意大利人只是对浓缩咖啡情有独钟，实际上，北欧国家对咖啡的热爱更加根深蒂固。芬兰人和斯堪的纳维亚人是世界上最大的咖啡消费群体，他们不仅在家里喝咖啡，还在街头的小店喝，工作时喝，睡觉前也喝。芬兰人和斯堪的纳维亚人每天的咖啡饮用量高达数百万杯。北欧人喝咖啡更多是为了在百忙之中抽空休息、社交，放慢脚步享受生活。

芬兰每年的人均咖啡消耗量超过 12 公斤，在世界排名中位居第一（意大利人均不足 5.5 公斤）。在赫尔辛基，不论是精致的咖啡吧，还是简陋的咖啡吧，人们总会不约而同地点上一杯咖啡。往往还有另一些不同寻常的地方，或是半花店半咖啡店，又或是可以提供咖啡的家具店。一台笔记本电脑、一杯咖啡，当地年轻人就可以在这里消磨大半天时光。

把自己包裹严实，面朝波罗的海，露天坐在卡伊沃公园[①]

① 卡伊沃公园，芬兰首都赫尔辛基市区最古老和最著名的公园之一。

的乌苏拉咖啡馆品尝一杯咖啡，看着冬末漂浮在水面的冰块起落沉浮是当地人的一大爱好。

萨米帐篷里温暖的热咖啡是芬兰人绝对不会错过的冬日饮品，尤其是刚乘坐雪橇溜完几圈之后。同样让人无法抗拒的还有夏天湖边野营炉上香味浓郁的咖啡。

瑞典人、挪威人和丹麦人对咖啡也有同样的热忱，这些国家的富裕程度可以满足本国人民对咖啡无穷无尽的渴望。

丹麦人对咖啡的喜爱甚至超越了他们心爱的热巧克力，在丹麦人的生活观中，手持一杯热咖啡就相当于走进一间咖啡吧，都是有益健康的行为，能带来数不清的好处。

挪威还有一个咖啡节，早在 17 世纪末，咖啡就备受挪威人喜爱。当时近东至挪威的运输状况仍非常复杂，因此，多年来，咖啡都只是少数人的商品，珍贵而独特，稀有而昂贵，就像葡萄酒一样，只在非常富有的贵族和商人之间流通。今天，7/10 的挪威人每天都喝咖啡，人们可以在奥斯陆市中心古老的大厅比如剧院餐厅享用，也可以在现已非常时髦的前工业区——葛鲁尼洛卡的咖啡店享用。挪威被认为是世界上咖啡卖得最贵的地方。

瑞典人也为他们每年能够消耗1000多杯咖啡而倍感自豪。如果能在这个从20世纪初就被称为“Fika”[①]的小憩时间配上小甜点喝杯咖啡就更好了。无论在家，还是在外，在办公室、学校，还是医院，与家人、朋友，还是同事，每时每刻都可以是瑞典人的“Fika”时光，这似乎也已成为瑞典人的生活哲学和某种社会制度，他们的咖啡吧就相当于英国的酒馆。瑞典西部小镇阿凌索斯被认为是最注重咖啡休憩仪式的地区，在这里将有机会在当地30余家咖啡吧开启一场咖啡品尝之旅。

咖啡吧遍布斯德哥尔摩的每一个角落。不论是坐落在大广场[②]旁古老宫殿中历史悠久的老店，还是南城那些非比寻常的小店，都是诸如莉斯贝丝·萨兰德等《千禧三部曲》[③]中的文学人物经常光顾的地方。以传统糕点闻名的麦猫还是瑞典国宝级女演员葛丽泰·嘉宝的最爱，伊斯特·诺达玛夫人在1928年创办了这家店，关于店名，还有一个有趣的文字游戏。

---

① Fika，瑞典语，指一起喝咖啡、吃甜点聊天的休憩时刻。

② 大广场，位于斯德哥尔摩老城中心，是斯德哥尔摩最古老的广场，以一年一度提供传统工艺品和食品的圣诞集市而知名。

③ 《千禧三部曲》，由瑞典作家兼记者斯蒂格·拉森所著，莉斯贝丝·萨兰德在书中是一名神秘的女黑客。

当时有人问诺达玛夫人将如何命名这家店，她回答说“Det vete katten”，意思是“猫都不知道”。这个表达也与基督降临节的一种小甜点——露西亚猫咪面包有关。

如果没有甜食，瑞典的咖啡小憩时光将会少了许多滋味。肉桂卷是咖啡休憩时光的重要角色，这种肉桂飘香，淋着糖霜，有时还撒上珍珠糖装饰的点心，在斯德哥尔摩已经流行了至少 100 年，瑞典每人每年大约要吃 300 个。肉桂卷很受瑞典人喜爱，他们甚至还将每年的 10 月 4 日定为肉桂卷日。

品尝、享受肉桂卷的美味，或是根据祖母的食谱亲自烘焙，再一分为二与人分享，又或是从斯德哥尔摩老城铁路广场的面包师那里以买 2 送 1 的折扣价给家里买些肉桂卷，都是瑞典人日常生活的一部分。

肉桂卷（25个）

食材：

酵母 35 克　白砂糖 100 克　牛奶 300 毫升

鸡蛋 1 个　黄油 120 克　面粉 750 克

小豆蔻 1 勺　盐 1 勺

内馅：

黄油 100 克　白糖 50g　肉桂粉 2 勺

表面糖霜：

鸡蛋 1 个　水 2 勺　白砂糖

做法：

酵母放入碗中，加几勺牛奶搅拌均匀后，将熔化的黄油和剩余的牛奶与之混合。加入面粉、白砂糖等其他材料，和成面团后，揉 10 ~ 15 分钟。盖上湿布，在室温下放置 30 分钟后，把面团擀成 3 毫米厚、30 厘米宽的长条面皮，然后放上小块黄油，用手抹开，撒上糖和肉桂粉，卷好后切成 25 片。将切好的肉桂卷放入面包纸托中，然后放在铺着布的烤盘上静置 1 小时。打 1 个鸡蛋，加少许水搅拌均匀后，刷在肉桂卷表面，撒上白砂糖。预热烤箱，将温度调至 220 摄氏度，烤 5 ~ 6 分钟后取出即可食用。

文字的群岛

岛屿对于那些希望一切尽在掌控之中和需要安全感的人来说有着特别的吸引力，要知道，这些在陆地上要通过凌驾于他人之上的权力才能实现，而在这里，岛屿景观固有的局限性就能满足他们的心理。

——弗雷德里克·斯约伯格
《苍蝇陷阱》

斯德哥尔摩岛屿众多，是名副其实的“群岛王国”。孤独深沉的海湾、被海水抚平的岩礁、绵软的沙滩和摇曳的枫树都是属于这里的绝美景色。每个岛屿各不相同，有着自己独一无二的特点和背后不为人知的故事，无论是首都周边距斯德兰维根码头1小时船程的瓦克斯霍姆岛[1]，还是较为偏远的莫哈岛，莫不有其独特之处。

晴朗的夏日，从飞机上俯视斯德哥尔摩群岛，可以看到它其实是一片被分离成大大小小近3万块的完整区域。这片“分崩离析”的土地被白色边框的红色屋子点缀着，被遍布船只的大海环绕着，别具一番特色。斯德哥尔摩的居民是群岛的常客，一有机会，他们就会来岛上享受这里令人愉悦的缓慢节奏。这里也备受艺术家喜爱，它能为作家、画家提供源源不断的灵感。群岛和斯德哥尔摩的距离“忽近忽远”，似乎比邻而居，又似乎遥不可及。

---

① 瓦克斯霍姆岛，约有4900个定居居民和很多夏天来客的一座群岛小城，位于斯德哥尔摩以东25公里。

“我们可以在岛屿和书籍的海洋中，畅游心中或真实或虚构的旅程。”阿莱西娅·法拉利在接受采访时如是说，她是米兰大学一位教授斯堪的纳维亚文学的老师，“无论是在物质上，还是精神上，从地理位置，还是文化层面来说，斯德哥尔摩群岛都在瑞典人心目中占据着中心位置。”因此，即便是拎着行李箱和购物袋登上一艘白色渡轮去过周末这样一个简单的举动，对于一个家庭来说，也可能意味着一段短暂又幸福的冒险之旅，瑞典人将它定义为“一趟悠闲的旅程，一种超脱感和一个新发现”。

斯德哥尔摩群岛物种多样，这一点从瑞典的文学作品中就能发现。群岛中的兰玛岛是一个长满兰花的小岛，但对于弗雷德里克·斯约伯格来说，这里却是天然的私人书房，一个能激发灵感和想象力的寂静之地。斯约伯格是《苍蝇陷阱》的作者，他就生活在这个面积仅 15 平方公里的自然天堂里，收藏食蚜蝇的爱好也是从这里开始的。《苍蝇陷阱》是一本小说、自传、随笔的结合体，小说和“题外话”各自占据着这本书的“半壁江山”。兰玛岛是艺术家隐居的好去处，它好似一个微观世界，在这里，空间是有尽头的，思维也有边界。同时也是昆虫学家的斯约伯格在书中写道：

无论我朝哪个方向出发，最终都会抵达海边。这算不上什么重大发现，但……对于一些住在岛上的人来说，这更是一种确定性，而非一种被困住的感觉。

兰玛岛似乎是瑞典文化的十字路口，许多作家都曾在这里驻足。19 世纪 90 年代，剧作家奥古斯特 · 斯特林堡在这座岛上度过了几个夏天，他被认为是瑞典现代文学之父，是一位内向、不安的自由思想家，同时也是一位反传统、反主流的作家。

在人生的灰暗时期，斯特林堡一度非常喜爱瑞典群岛的风光，他最初涉猎绘画领域之时，画的就是群岛上黑暗晦涩的海景、陡峭的悬崖、冬季的暴风雪、浓密的雾和低垂的云，诸如此类粗犷又孤独的景象，这些后来也出现在他的油画之中。此外，瑞典群岛也是他文学作品的主题，如作家在德国期间写的小说《海姆素岛居民》（1887 年）。

实际上，海姆素岛并不存在，斯特林堡受斯德哥尔摩南部岛屿库曼多的居民和环境的启发而杜撰了这个地方。早在 1880 至 1881 年间，作家就在于斯德哥尔摩出版的散文《群岛的故事》中讲述过关于海洋、岛屿和海难的故事。

2011 年诺贝尔文学奖得主托马斯・特朗斯特罗姆也曾住在兰玛岛，他在国际上享誉盛名。这位“沉默的诗人”[1] 喜欢在岛上度过夏天，喜欢在加坦村祖父自建的小木屋中收集蝴蝶，那儿也是作家诗歌中的“蓝房子”所在地。兰玛岛的氛围和景色被诗人悉数写进《波罗的海》等诗集，保留在回忆深处。特朗斯特罗姆在一次采访中这样形容兰玛岛：

---

① 1990 年，特朗斯特罗姆突发脑溢血使他的语言功能受到损伤，因此此处称他为“沉默的诗人”。

我相信每个人心中都有一个特别的地方，它是我们的重心所在……对我来说，那个地方就是这里。

斯德哥尔摩群岛上的每一座小岛都有着精彩纷呈的故事。“沙港”桑达岛是瑞典女作家维维卡·斯滕笔下的谋杀案现场，作家将细枝末节和各种人物融入桑达岛交织着宁静与神秘的环境中，创作了多部犯罪小说，扭转了人们对北欧犯罪小说的刻板印象。电视剧《桑达岛谋杀案》就是由斯滕的小说改编而成，剧中的故事不落俗套，原创性极高，全然不同于以往的北欧犯罪小说。

作家在书里介绍了桑达岛在不同时期的实况和生活节奏，凭借对历史和地理的精准把握，营造出了19世纪末和20世纪20年代、70年代的气氛，创造了一批几近真实的人物。自她的首本小说《漂浮的尸体》发布以来，就注定了探长托马斯·安德雷亚森和他的儿时好友诺拉·林德会成为读者的朋友：

托马斯在斯德哥尔摩群岛上度过了他生命中所有的夏天，但每当他嗅到清晨岛屿间飘散的清新空气时，还是忍不住感叹……它们倒映在波光粼粼的水中，轮廓分外清晰，就好像浮在水面上一样。

每个岛屿都或多或少在文学作品中留下了属于自己的印记。偏僻的胡萨罗岛坐落在群岛外围，这里盛产蓝莓，是《蓝莓森林历险记》的灵感来源。这本书于 1901 年出版，作者是瑞典儿童作家、插画家艾尔莎 · 贝斯蔻。弗鲁松德岛则是 19 世纪晚期“贵族度假者”最喜欢去的地方，也是风格迥异的作家们共同喜爱的避暑胜地。

让我们暂且再回到奥古斯特 · 斯特林堡身上，斯德哥尔摩市中心有一个专门了解他的去处，要想近距离接触到这位瑞典剧作家的复杂世界和梦想，可以去皇后大道 85 号一探究竟，斯特林堡在这里度过了他生命中最后的日子，这里也正是斯特林堡博物馆的所在地，人们常将它称为“蓝塔”。

瑞典女作家阿斯特丽德 · 林格伦也曾在弗鲁松德岛拥有一间属于自己的夏屋，她著有《海鸥岛上的假期》和《长袜子皮皮》等作品。《长袜子皮皮》是在 1945 年出版的，1964 年被拍成了电视剧，主人公皮皮是几代瑞典儿童的榜样：

> 9 岁的皮皮一个人住在一所小房子里，她没有妈妈，也没有爸爸。但仔细想想，似乎也不算太糟糕，因为这样一来，就没有人催她上床睡觉，也没有人在她想吃糖果的时候喂她鱼肝油。

皮皮长着红头发，独立又自由，无忧无虑，她教自己相信自己，反叛既定规则，树立了性别平等的典范，她的冒险之旅影响了世界各地的孩子。而这些都要归功于作者林格伦，尽管她最开始编故事时只是为了哄妹妹睡觉。作家为全世界的孩子贡献了多本读物，在世界上作品最广为翻译的作家名单中排名第 18 位，是瑞典的象征。

还有维格索岛，在这个被称作“音乐之岛”的岛屿上诞生了很多广为传唱的歌曲，如阿巴乐队的《舞林皇后》和《费尔南多》。群岛上轻轻吹拂的风、夏日蔚蓝的天空、低矮的云层和悠闲快乐的生活节奏是他们的灵感源泉，本尼·安德森和比约恩·奥瓦尔斯当年就在这里的一个小木屋里创作。

小木屋购于 1971 年，阿巴乐队在这里创作了许多名曲，它在乐队的音乐生涯中发挥着决定性作用。不论是在乐队的照片，还是电视采访上，总能看到小木屋的身影。还有那架引人注目的白色钢琴，现在它被收藏在斯德哥尔摩音乐名人堂，那里汇集了瑞典有史以来最著名的流行乐团。

想要歌唱

妈妈咪呀，我又来了。
天啊！我怎能拒绝你？
妈妈咪呀，我表现出来了吗？
天啊！我是多么想你。
是的，我已心碎。
从我们分开那天起。
妈妈咪呀，现在我真的懂了。
天啊！我再也不让你走。

——阿巴乐队
《妈妈咪呀》

瑞典是一个摇滚的民族，这不单单是受“阿巴效应”影响，实际上，瑞典几乎人人都唱歌，音乐是他们日常生活的一部分。想知道瑞典人民究竟有多爱唱歌，看他们合唱团的数目就知道了。在仅有 1000 万居民的瑞典，合唱团总数却高达 60 万个，瑞典的合唱团数目与人口比例要远远高于世界其他国家。

在瑞典，不论是专业歌手，还是歌唱名家，又或是抱着重在参与的心态的普通人，都定期在合唱团唱歌，这是瑞典自 20 世纪四五十年代以来就有的传统，它被人们延续至今，深深扎根在瑞典的文化之中。无论什么样的合唱团，都可在一定程度上加深人们的集体归属感和民族认同感，从而支撑起团结一致的瑞典精神。瑞典有十多个比较著名的合唱团，其中包括阿道夫 · 弗雷德里克音乐学校的儿童合唱团和瑞典广播合唱团。

瑞典广播合唱团早在 1925 年就成立了，但直到 1952 年才迅速成长起来，逐渐在诸如纽约林肯中心、圣彼得堡马林斯基剧院等世界级音乐殿堂和各种国际大型活动上崭露头角。这一切要都归功于斯德哥尔摩音乐界的传奇人物埃里克·埃里克松长达30年的悉心指导。

瑞典广播合唱团也曾与著名乐队指挥家如穆蒂、阿巴多有过多次合作，《纽约时报》称它是“瑞典合唱奇迹”，以此赞颂艺术真实和瑞典全民对歌唱的热忱。瑞典的合唱团不容小觑，许多作曲家都曾是这里的活跃分子，相当一部分著名歌手也是由这儿开始步入音乐之旅的。

在瑞典，音乐极受重视，公立音乐学校的设立使得瑞典人从小就有机会学习音乐，对于那些想要在音乐方面有所建树的年轻人也有专门的支持政策。

瑞典人珍惜每一个可以放声歌唱的机会，除了仲夏节[1]和12月的圣露西亚节[2]，夏季演唱会也不容错过。每年6月底至8月初期间的每个周二，人们都会齐聚斯坎森露天博

---

① 仲夏节，北欧国家的传统节日，每年6月24日前后举行。

② 圣露西亚节，瑞典传统节日。依据瑞典传统历法，12月13日被认为是一年中最长和最黑的夜晚。而这天之后，夜晚时间开始缩短，白昼时间渐渐增加，象征着光明，所以瑞典人以节日的方式庆祝这一天，并把这一天称为“迎光节”。

物馆[1]高歌欢唱。十多年来，它一直都是瑞典人最喜爱的消遣方式之一，每年都有 10000 ~ 25000 人参与。人们欢呼雀跃，与台上的音乐嘉宾齐声唱着耳熟能详的瑞典歌曲。嘉宾们的兴奋程度丝毫不亚于观众，要知道，在瑞典，不管是现代流行歌星，还是 20 世纪六七十年代的风云人物，都曾登上过这个舞台。

夏季演唱会始办于 1935 年，1979 年以来也开始在电视上转播。多年来，这个活动一直深受瑞典人喜爱。演唱会免费开放，仅需一张斯坎森博物馆的门票就可以入场欢歌。

瑞典名人堂的设立也是瑞典人引以为豪的大事件，这里云集了瑞典最为优秀的演奏家、原创歌手和作曲家。瑞典还是世界上著名的音乐输出大国，但这更多是幕后成就，因此公众对此知之甚少。瑞典人中不乏制作人、作词人和音乐短片导演，他们的合作对象皆是家喻户晓的国际巨星（如布兰妮 · 斯皮尔斯、Lady Gaga、麦当娜、席琳 · 迪翁、后街男孩和单向乐队），其唱片销量和网络下载量高达百万。位于斯德哥尔摩的谢龙录音室成立于 1986 年，很多流行歌星都梦想与它合作。

---

① 斯坎森露天博物馆，建成于 1891 年，是世界上第一个露天博物馆，也是瑞典最大的民俗露天博物馆。

瑞典政府大力支持音乐发展，于 1997 年设立“音乐出口奖”，旨在表彰那些在音乐领域取得成就并推动瑞典文化走向世界的个人或团体。

如今的斯德哥尔摩充满活力，是重要的国际新技术中心。科技的发展改变了人们听音乐的方式，指引着瑞典人在音乐市场开辟新的发展道路，一些诸如“声田”的新应用程序应运而生，并逐渐风靡全球。2008 年，丹尼尔·埃克和马丁·洛伦松创办了“声田”，它支持用户在手机、电脑或平板上下载数百万首歌曲，从而为自己喜欢的歌曲创建歌单。流媒体音乐服务平台“声田”在华尔街上市时还遭遇了一个乌龙事件，当时美国人把瑞典和瑞士搞混了，误把瑞士国旗当成蓝色背景、黄色十字的瑞典国旗挂了 15 分钟。

瑞典人如此热爱音乐和歌唱，阿巴乐队自然是我们绕不开的话题。乐队由比约恩 · 奥瓦尔斯、本尼 · 安德森、阿格妮莎 · 福斯克格和安妮 - 弗瑞德 · 林斯塔德（大家习惯叫她“弗里达”）四人组成，对瑞典意义重大。自 20 世纪 70 年代以来，阿巴乐队一度是瑞典的民族象征，这不仅缘于他们近 4 亿的全球唱片销量（仅次于甲壳虫乐队），也缘于音乐

阿格妮莎·福斯克格

比约恩·奥瓦尔斯

本尼·安德森

安妮–弗瑞德·林斯塔德

剧《妈妈咪呀》取得的巨大成功，它于1999年在伦敦首演，观众总数高达5000万。

不仅如此，由梅丽尔·斯特里普主演的电影版《妈妈咪呀》在2008年上映后也受到了大家的广泛喜爱。但故事并没有就此结束，十年之后，《妈妈咪呀2：再度出发》在全球各个影院上映，继续为我们讲述着当年未讲完的故事。

这四位艺术家美丽、出名，还有点离经叛道。除了音乐，他们的爱情故事也备受关注，在他们之中，阿格妮莎和比约恩、本尼和安妮曾是两对夫妻，后来因为种种原因，又都分开了。乐队名称来自四名成员姓名首字母的组合，正着读、反着读都是 ABBA。多年来，阿巴乐队始终在乐队排行榜中占据着榜首位置，他们的专辑被称作“Gold”，想必就是因为他们“点石成金”的本领吧。

令人意外的是，在解散了 35 年之后，阿巴乐队宣布复出。“时间好像从未走远，而我们，也只是度过了一个短暂的假期”，他们在社交软件 Instagram 上如此写道。但其实，他们的假期从 1982 年就开始了……

为纪念阿巴乐队，斯德哥尔摩还在动物园岛建立了阿巴博物馆。博物馆于 2013 年开放，它不单单是一个旅游景点，还是流行乐界的名人纪念碑，是粉丝们走进偶像生活的通道。这里展示着阿巴乐队的唱片、电视节目、所获奖项、视频、剪报、杂志封面、演出服装和各种旧物，比如本尼的钢琴和录制出众多歌曲的保拉录音室，几小时参观下来都不会令人感到厌倦。

当然，博物馆最大的特点还是它的“交互模式”，在这里，参观者不仅能走进录音室演唱那些脍炙人口、快乐激昂的歌曲，还能与偶像同台高歌。博物馆运用全息投影等高科技手段，模拟出阿巴乐队 20 世纪 70 年代的表演场景，参观者可每次一人登上舞台与阿巴乐队同台高歌，享受来自观众的掌声。在一首对音乐的赞歌之中，阿巴乐队用瑞典语唱道：

所以我要说，
感谢音乐，
感谢我唱着的这些歌曲，
感谢它们所带来的所有愉悦。
我诚恳地问，生活中谁能没有它？
生命将会怎样？
没有了音乐和舞蹈，我们又将会怎样？
所以我要说感谢音乐，
因它赠予我这一切。

真正的凶手另有其人

每个人都有秘密，

只是要去挖掘出来罢了。

——斯蒂格·拉森
《龙文身的女孩》

你们可曾尝试通过翻阅一本书去了解一座城市，不用眼睛去看，而是用心去感受，这有点类似听音乐会，同样的旋律，带给观众的感受却是不一样的。文学也有同样的魔力，书里的桥、广场、公寓、海景会给读者们留下不同印象，而当他们在现实中从未到达过这些地方时，就会根据自己的印象描摹这些地方的轮廓。你们对斯德哥尔摩的第一印象也将由此而来，在真正抵达那儿之前，这本书会带你们对它进行初步了解。

阅读就像旅行，近年来，北欧文学的热度一直居高不下，通过它，人们发现了北欧这片新天地，感受到了一种新氛围；通过它，人们看到了北欧的变化，了解到了一种对社会、国家的不同观点。

瑞典共有八位诺贝尔文学奖得主，他们为瑞典文学做出了巨大贡献，正是因为他们，瑞典文学才能被翻译成 50 多种语言。近几十年来，北欧犯罪小说风靡全球，那些“平静的表面下暗流涌动”的故事深受人们喜爱。瑞典犯罪小说的先驱当属马伊·舍瓦尔、佩尔·瓦勒夫妇二人，他们是最先尝试斯堪的纳维亚犯罪小说的作家。自20世纪60年代中期以来，他们每年出版一部以警探马丁·贝克为主角的小说，并且坚持了十年。马伊·舍瓦尔、佩尔·瓦勒二人迎着文学和婚姻生活的双重挑战，编织了一个又一个阴谋，以此反映着瑞典社会环境的变迁。

随着瑞典现象级系列小说《千禧三部曲》的畅销，斯堪的纳维亚犯罪小说开始在国际舞台上崭露头角。《千禧三部曲》出自瑞典作家斯蒂格·拉森之手，在作者死后才得以出版，后来也被拍成了电影。作者在还未完成小说之时就突然离世，因此，书的版权问题成了他的女友和家人走上法庭的导火索。

拉森笔下的故事跌宕起伏，能给读者营造一种身临其境之感，会让人不自觉地跟随记者迈克尔·布洛姆奎斯特和黑客莉斯贝丝·萨兰德的脚步寻找事实的真相，“千禧年系列”的篇幅虽然庞大，但内容却丝毫不冗长。

每天还有很多人在斯德哥尔摩南城的街道和广场上、岛屿之间的桥上或沿着城市主干道寻找书中主角的足迹。读者的“追寻之旅”通常会从主人公迈克尔的家——贝尔曼路 1 号开始，从这里能看到开阔的水面和对面灿烂优雅的老城：

艾丽卡把咖啡杯放在桌上，转向迈克尔，他正站在公寓的窗边，眺望着窗外的老城风光。

“在南城的山丘上走上走下，一边走，一边四处望着，祈祷着遇到刚从哪扇大门或是哪个咖啡店走出来的迈克尔……”这样的画面恐怕在我们每个人的脑海中都出现过。“文学旅游”是世界上最受欢迎的十大旅游类型之一，瑞典就有一个“千禧之旅”，游客可参观位于霍恩斯路的梅尔维斯特咖啡吧、罗斯加丹路的磨坊酒馆，或是位于菲斯卡加坦路的莉斯贝丝的家，将它们和自己想象中的样子对比，任谁也无法拒绝这样的旅程。

这段“千禧年之旅”还会带你游览“千禧年系列”的第四部——《蜘蛛网中的女孩》中的某些地点。拉森死后，大卫·拉格朗兹受雇撰写三部曲的第四部。出版商麦勒荷兹在接受英国《卫报》采访时说：“对很多读者来说，‘这有点像冬天回家洗热水澡’。”那么，“千禧年系列”将永远不会收官吗？2017 年 9 月，由拉格朗兹撰写的第二部小说《以眼还眼的女孩》出版，在新作中，作者再次表达了对斯德哥尔摩的爱：

> 这是一座辉煌灿烂的城市。对于那些有心情关注天气的人来说，那是一个美妙的夏日傍晚，远处还飘扬着音乐声，但莉斯贝丝丝毫没有注意到这些。

《神探维兰德》则以位于斯堪尼亚省的于斯塔德为背景，讲述了小镇探员库尔特·维兰德调查连环杀手的故事。这是一部改编自瑞典小说家“亨宁·曼凯尔系列”小说、由英国演员肯尼特·布拉纳主演、英国广播公司拍摄并大获成功的犯罪片。维兰德在于斯塔德非常有名，他的查案地点是人们经常参观的热门景点。

在瑞典西海岸的菲耶巴卡，我们则会与卡米拉·拉克伯格笔下的人物相遇。这里也是作者出生和成长的地方，她的作品如《冰公主》《暴风雪和杏仁香》逻辑清晰、结构完整，被誉为北欧的文学瑰宝，她也因此被许多读者称为“北欧的阿加莎·克里斯蒂”。在这个美丽得不真实的瑞典渔村，每周六还可在导游的带领下参观作家笔下的犯罪现场，穿梭于真实与虚构之间。

小镇主广场以瑞典著名女演员英格丽·褒曼的名字命名，广场上矗立着她的半身铜像，这是在她死后由她的家人捐赠的。英格丽·褒曼是好莱坞著名的女星之一，曾在多部恐怖片中担任女主角，并以《煤气灯下》《真假公主》和《东方快车谋杀案》三次获得奥斯卡奖。

1958 年，英格丽·褒曼在第三任丈夫大剧院经理拉尔斯·施密特的陪伴下，第一次来到了菲耶巴卡。此后，褒曼就深深地爱上了这个西海岸小镇。她在丹恩岛[1]上度过了许多夏天，把那个“花岗岩悬崖”视为自己的宁静天堂。褒曼死后，她的骨灰也被撒向这片她生前常乘船出行的海域。

对于北欧文学迷而言，位于瑞典北部的拉普兰是“文学旅游”的绝佳去处。阿萨·拉尔森笔下的犯罪小说通常都以基律纳[2]为背景，这里也是作者的出生地，是进入北极圈的最后一个前哨站，是 20 世纪初为安置铁矿工人而建的。冬天

① 丹恩岛，位于菲耶巴卡群岛以西。

② 基律纳，位于瑞典北部，是瑞典的铁矿业中心，也是瑞典北部主要港口。

的基律纳，温度常常在零下 20 摄氏度，照片中的作者几乎都戴着传统的捕兽帽，这是高纬度地区的冬季必备之物。

待解的谜团与神秘的极光、无边的黑暗、绵延的孤独感交织在北欧的土地上。《风暴来临》这部小说就以拉普兰地区为背景，讲述了女律师丽贝卡回到故乡小镇基律纳帮助涉嫌谋杀的好友的故事，这是“丽贝卡 · 玛汀森系列”中的第一部，获得了瑞典犯罪作家协会犯罪小说最佳处女作奖。在意大利语版的小说封面上，基律纳教堂被积雪覆盖着，只露出屋顶部分，它的周围是一片朦胧的白光，整个画面散发着阴森诡异的气息。

或许，故事一开始，当探员安娜玛丽亚 · 梅拉在教堂前查案时，笼罩她的正是这种阴冷的气氛：

> 天气仍然冷得要命，冰冷的空气刺得皮肤隐隐作痛。如果她张嘴呼吸，喉咙和肺会很难受，但如果她用鼻子呼吸，鼻毛又会被冻住。安娜把围巾在脖子上缠了几圈，把嘴巴也包住。看了看时间，心想最多只能待半小时，要不然车就发动不起来了。

除了这些地方，斯德哥尔摩公共图书馆也是爱书之人的游览胜地，这栋建筑是北欧古典主义的典范，也是供藏书者参拜的朝堂。图书馆建于 20 世纪 20 年代，由设计师古纳 · 阿斯普伦主持设计，备受斯德哥尔摩人民喜爱。瑞典的图书馆不在少数，算上学校和医院的那些，总数要超过 2000 个。

近年来，瑞典人的阅读兴趣高涨，以电子书为首的书籍销量大大增加。瑞典读者群体多样，有好奇型读者、科技类读者、当代时事类读者，还有相当一部分读者被地中海的环境和文化深深吸引着。意大利文学也很受他们关注，比如埃莱娜 · 费兰特的《我的天才女友》，斯德哥尔摩书店橱窗里成摞的瑞典语译本就是它受欢迎的最好证明，这是费兰特《那不勒斯四部曲》中的第一部，具有鲜明的地中海特色，在瑞典非常畅销。

北欧风格

不论是花瓶、台灯，还是椅子，每件设计品都有自己的独特风格。北欧设计品就以其轻便的特点征服了世界。如今，北欧的家居用品已成为他们的民族象征和民族精神。雏菊和罂粟、湖泊和波浪，北欧设计师将这些景物融入或简单或曲折的线条中，把美带到了千家万户。

注重简约的北欧设计也兼具功能性，忠于阿尔瓦·阿尔托[①]、阿纳·雅各布森[②]和汉斯·韦格纳[③]等大师们的设计信条：纯粹的线条生而永恒。

① 阿尔瓦·阿尔托（1898—1976），芬兰现代建筑师，人情化建筑理论的倡导者，同时也是一位设计大师及艺术家。

② 阿纳·雅各布森（1902—1971），丹麦建筑师、设计师，丹麦现代主义 20 世纪的代表人，他的设计遵循了功能主义风格。

③ 汉斯·韦格纳（1914—2007），丹麦最知名、影响力最大的设计师之一。

丹麦椅子

制作椅子是非常难的，亲手试过的人都知道……椅子必须轻巧、结实、舒适，建幢摩天楼可能都比制造一把椅子简单。

——路德维希·密斯·凡德罗
德国建筑师

一把椅子就能给人带来幸福吗？是的，起码以丹麦人的生活观来说是的，一把上好的设计师椅子能给他们带来舒适，并享受招待好客人、体会分享的乐趣，而这些恰恰是丹麦人生活中不可或缺的重要元素。一代又一代北欧设计师都投身椅子的设计，即便是在今天，设计师们对椅子的热情也丝毫不减。

要了解丹麦庞大的椅子家族，可以来丹麦设计博物馆一探究竟。博物馆位于哥本哈根布莱德街 68 号，18 世纪时曾是丹麦的一所公立医院，这里陈列着丹麦各个时代的设计师椅子，作品年代从椅子的黄金时代——20 世纪 20 年代至 70 年代一直横跨到当代。

1949 年，斯堪的纳维亚现代主义和极简主义家具的创始人之一 ——设计师汉斯 · 韦格纳推出了革命性的圆椅，自此，丹麦椅子开始走向世界舞台。美国人将圆椅称为“The Chair”，以此定义其杰出、创新和独特的品质。圆椅很快成为椅子行业中一个独特的存在，为丹麦设计的崛起开了一个好头，同时，它也是丹麦出口在世界上取得卓越成就的象征。

圆椅　　叉骨椅　　CH26

设计师韦格纳在继承传统设计元素的基础上加以创新，于 1950 年推出了叉骨椅，它是战后时期最受人们喜爱的椅子。此后，目光如炬的设计师仍不断探索，致力设计各种完美的椅子，他的作品高达 500 余种。但韦格纳的另外一件作品 CH26 的问世之路却异常曲折。CH26 设计图于 1950 年成稿，但从未公开发表，直到 2016 年，丹麦家具制造商卡尔·汉森才依照原稿对其投入生产。在 CH26 的宣传片里我们可以看到，椅子的每个部位都是手工制作的，木材纹理的不同造就了椅子的独一无二，它有桦木和枫木两种质地，采用柔和的曲线造型，坐垫用细绳编织而成，极其符合人体工学。因此，它除了美观外，还非常舒适。

这些木制品栩栩如生，吸引着人们的眼球。韦格纳认为，椅子是跟人类距离最近的东西，是种拟人化设计，椅子本身和其状态能反映椅子所有者的身份及品性。试想想国王、法官、主教和作家的椅子是不是在一定程度上反映了他们的身份呢？于设计师而言，椅子是一件能留给他们足够表达空间的物品。比如CH26，它现代、简约、优雅，但也相当昂贵，谁不梦想着为餐厅或书房购置一把这样的椅子，好彰显自身的品位呢？

每把椅子都有灵魂和特点，它是最能承载文化的物品之一，能揭示其所处时代和社会的一切。因此，丹麦设计博物馆借助“椅子长廊”为参观者策划了一场跨越时空的旅行。椅子长廊共展示了110件经典、具有象征意义的作品，它们像艺术品一样，被陈列在壁龛之中。走一圈下来，游客们就心动不已，只想赶紧走进街上哪家设计商店给自己家也添置一把。丹麦设计可不是博物馆里仅供参观的藏品，它是家庭生活中不可或缺的一部分，能将北欧人的家装饰成时髦讲究的温馨角落。

设计博物馆展出的椅子都是设计师的原创作品，它们深深扎根于民族历史，是丹麦的宝贵财富。因此，许多年轻设计师也常来这儿参观，希望能从众多藏品中汲取一些灵感。

在丹麦，经常能看到的除了一群坐着画设计图的人，还有一群顶着寒风、围着咖啡桌讨论自己最喜欢的椅子的人。每当这个时候，圆椅总是风头最盛，它还曾在一场大型电视传媒活动中崭露过头角：1960 年 9 月 26 日，肯尼迪与尼克松在竞选总统的电视辩论中坐的就是圆椅，它与肯尼迪总统的气质十分吻合，因此，在此次辩论后，圆椅便声名大噪。

实际上，圆椅是由主办辩论的哥伦比亚广播公司选定的，当时，他们收藏了一批丹麦家具。此外，在 2016 年上演的以 20 世纪 60 年代的美国为背景的电影《隐藏人物》中也能瞥见圆椅的身影，在影片中，圆椅出现在美国宇航局办公室的写字桌前，彼时，他们正在讨论与苏联的太空竞赛。

设计代表作

美丽的东西不一定能够给予你幸福感，但那些丑陋的一定会削弱你的幸福感。

——芬恩·朱尔
丹麦建筑师、设计师

北欧设计无处不在，家里、餐厅、咖啡吧、车站、公园甚至侦探电视剧里到处都有它的身影，从家具到灯具，北欧设计师一个也没落下。

设计品早已融入了丹麦人的日常生活，在这里，就连学校教室里的椅子都出自著名建筑师、设计师阿纳·雅各布森之手。

而要读懂芬兰设计，就要结合芬兰历史、其野性又壮丽的自然环境、喷薄涌动的创造力和设计师的才华这几部分，从整体出发，全局观看。除此之外，处于东西之间的地理位置、艺术语言的简洁性以及斯堪的纳维亚文化对其潜移默化的影响也是重要的参考因素。总之，在芬兰，艺术与工艺终将结合，也就是说，物品的好用与否与其形状息息相关，实用性更能凸显物品的优雅。这有点类似瑞典的功能主义，追求一种各方面都平衡的理想状态。

自 20 世纪 30 年代以来，北欧就秉承着“好的设计应当永不过时”的理念，怀着这样的决心，北欧设计致力为这个世界上属于我们自己的小角落——家，创造一种经得住时间考验的美。

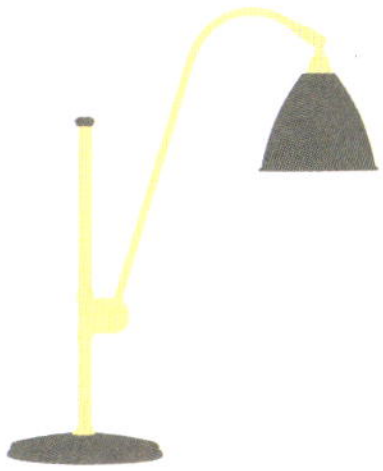

1. 贝斯特莱特灯

80 多年来，贝斯特莱特灯一直深受建筑师、设计师和灯具爱好者喜爱。它通常是铬合金或黄铜质地，既可以作为落地灯，也可以作为台灯、床头灯使用。古比[1]生产的贝斯特莱特灯具系列还在维多利亚 & 阿尔伯特博物馆和伦敦设计博物馆的常设展览上占有一席之地。贝斯特莱特灯出自设计师罗伯特 · 达德利 · 贝斯特之手，自 20 世纪 30 年代以来，工厂就一直在对该系列的各种版本进行生产。

① 古比，一家以美学、创新、功能及品质为核心的丹麦家具及灯具制造商。

2. 水晶涟漪玻璃杯

出自芬兰设计先驱阿诺·阿尔托之手的“精品系列”。阿诺是芬兰天才设计师阿尔瓦的妻子，他们在 1920 年阿诺于赫尔辛基理工大学建筑系毕业的四年后成婚。玻璃杯早在 1932 年就在公众面前亮过相，但其前卫的风格却让人有一种它昨天才刚问世的错觉。“水波纹系列”的设计改变了玻璃杯的传统形象，它是现代主义理念从自然中汲取灵感的完美典范，能令人想起石头扔进水里泛起的涟漪。或许只有在芬兰这样静谧的千湖之国，才能出此巧夺天工的设计。

3. 卡勒花瓶

所有人都为之疯狂的陶瓷制品。2014 年夏天，历史悠久的丹麦家居品牌卡勒推出了一款限量版花瓶，成功地在丹麦掀起了一股追捧热潮。8 月 25 日，卡勒公司官网因访问

人数过多而瘫痪，与此同时，线下门店的队伍也如长龙一般。似乎是突然之间，这款花瓶就成了丹麦人的生活必需品，他们对设计的热情转变成了一种集体性的痴迷。卡勒的创始人是出生在德国的陶艺家赫尔曼·卡勒，1839年，他在丹麦奈斯特维德市开了家制瓷厂，将他的技艺一代一代传了下来，为自己的品牌在丹麦王国争取到了一席之地。

4. “唐草系列”瓷器

一种以白瓷作底，略带钴蓝色几何图案的瓷器。唐草纹起源于中国，自传入丹麦以后，便在斯堪的纳维亚地区占有重要地位。18 世纪后期，皇家哥本哈根开始对其投入生产，到 19 世纪，唐草已变得相当流行。200 多年来，“唐草系列”坚持采用手工绘制，仅一个盘子就要描绘一千多笔，它结合了传统工艺与现代工艺，一直都是人们餐桌上的顶级餐具。

5. 阿尔托花瓶[①]

1936 年，芬兰设计师阿尔瓦 · 阿尔托以其简洁又极具革命性的“波浪状花瓶系列”赢得了由芬兰著名玻璃品制造商卡勒胡拉 - 伊塔拉公司举办的玻璃设计比赛一等奖。从那时起，阿尔托花瓶就开始了它闪耀的一生。花瓶线条流利又曲折，极具反传统精神，灵感来自水和芬兰湖泊，规格或大或小，单个或成对成型。多年来，它一直是全球室内设计杂志和无数家庭心目中无可非议的明星产品。阿尔托花瓶制作工艺复杂，只有经验丰富的玻璃大师才会制作。花瓶生产商每年都会推出新的颜色，2017 年，为庆祝芬兰独立 100 周年发布了限量版蓝色。

① 阿尔托花瓶，这款花瓶本是阿尔瓦 · 阿尔托为赫尔辛基甘蓝叶餐厅所做的装饰品之一，因此，花瓶最初名为“甘蓝叶花瓶”，直到 20 世纪 70 年代，花瓶才以设计师的名字“阿尔托”命名。

6. 玛格丽特碗

实用又美观，专为 20 世纪 50 年代的家庭主妇设计，在当代的智能厨房也备受欢迎。玛格丽特碗由贝纳多特 & 比约恩工业设计工作室[①]设计，灵感源自当时美国市场上已经发展得较为成功的厨具。玛格丽特碗发行于 1954 年，它以塑料为材质，风格简约，有三种规格、四种颜色。它美观、功能性强、开创了塑料的新用途，这三个优点使它在发布之初就俘获了丹麦人的心。如今，玛格丽特碗的规格和颜色还在不断丰富，在出售斯堪的纳维亚特色厨房用品的精品店和设计史书籍中一定能瞥见它的身影。

① 贝纳多特 & 比约恩工业设计工作室，成立于 1950 年，是第一个专注工业设计的工作室，主要生产办公设备、家用电器和功能性物品，如热水壶等。

7. 拉米诺扶手椅

1999 年被评为 20 世纪最好的瑞典扶手椅，在设计殿堂中占有一席之地。1956 年，由瑞典家具公司“瑞典人”对其投入生产，它是许多意大利人家里的明星家具，在多部电影中都出现过。“瑞典人”由英格维 · 埃克斯特罗姆创办，坐落在瑞典家具行业的中心地带——斯玛兰地区，70 年来一直专注于家具生产，它将瑞典在家具和建筑领域的“现代斯堪的纳维亚”观念推向了全世界。品牌最新推出的楼梯书架——“书”出自设计师迈克尔·比哈恩之手，外观非常独特。

8. 古比椅

诞生于 2003 年，是丹麦设计师椅子家族中最年轻的成员之一。古比椅紧跟哥本哈根 20 世纪 50 年代伟大创作的脚步，以极快的速度登上了国际设计舞台。古比椅很受椅子爱好者喜爱，它的精妙之处在于，椅子是采用先进的 3D 压模技术，由一整块胶合板制成的。古比椅问世不久后，就赢得了诸多国际奖项，是纽约现代艺术博物馆的永久馆藏品。

阿尔托的天才之作

一个严肃的设计作品永远都不会让人感到厌倦。

——卡伊・弗兰克
芬兰设计师

赫尔辛基看似保守、朴素，却有着让人惊喜的创造力。这是一个不随波逐流、不走寻常路、敢于游离在既定规则之外的城市。它曾拒绝了古根海姆博物馆[①]的入驻，让国际艺术界都大惊失色。2017 年，正值芬兰独立百年之际，在历史上，芬兰曾受到瑞典和俄国统治，直到 1917 年才完全独立，芬兰人深知这一切的来之不易，而古根海姆博物馆作为一个享誉全球的文化品牌，修建费用不菲，芬兰并不想让纳税人承担如此重负。

赫尔辛基特立独行，它深知如何以自己的方式迎接现代化，如何将自己打造成一个没有高墙的露天博物馆。这是一座创新之城，除了遍布着阿尔瓦·阿尔托的天才设计，它开放包容的思想也为人乐道。只要一份地图，我们就可以在这里搜寻到很多家设计店，除了阿泰克、伊塔拉和玛丽梅科

① 古根海姆博物馆，所罗门·R. 古根海姆基金会旗下所有博物馆的总称，它是世界上最著名的私人现代艺术博物馆之一，也是一家全球性的、以连锁方式经营的艺术场馆。

这三个经典品牌，一些栖身隐蔽角落的设计店和小画廊也值得探索。设计品百花齐放的局面正体现了赫尔辛基的兼容并蓄，也造就了它的与众不同。

阿拉比亚兰塔是位于赫尔辛基东北部的一个住宅区，以其极强的创造力和充满设计感的建筑而闻名。“阿拉比亚兰塔”这个名字在北欧并不常见，其来源可以追溯到18世纪，当时，人们常用《圣经》中的地名来命名市中心以外的地方。1873年，芬兰著名陶瓷制造商阿拉比亚在此开业后取得了不错的发展，并于1900年亮相巴黎世界博览会，开始走向世界舞台。

如今的阿拉比亚兰塔俨然是一个文化绿洲。春、夏两季，这里还会举办一些露天艺术展览。同时，一些新潮的场所也在阿拉比亚兰塔不断涌现，如伊塔拉 & 阿拉比亚设计中心。伊塔拉和阿拉比亚分别是芬兰著名的玻璃和陶瓷品牌，它们的联合无疑拓宽了芬兰设计的发展道路。这家设计中心陈列着19世纪晚期至当代的玻璃和陶瓷设计品，它们皆出自诸如阿尔瓦 · 阿尔托、卡伊 · 弗兰克、蒂莫 · 萨尔帕涅娃、塔皮奥 · 维尔卡拉等设计大师之手。

此外，这里还有一个设计工作室，它是开展设计项目和进行设计尝试的绝佳场所，汇集着艺术家、年轻设计师、专家和学生。

赫尔辛基的设计区坐落在市中心，覆盖了若干城区，其中包括红山区、护城区、格鲁努哈卡区、康比区和乌拉林纳区。设计区汇集着芬兰的创意，人们只要稍不留神，就会迷失在这里的 25 条街道和 200 多家商店之中。看似并不起眼的设计区，实则是诸多设计灵感的栖身之处。这里的精品店、设计师工作室、博物馆、艺术画廊、咖啡馆和餐厅都很受芬兰人和游客们喜爱。

设计区之旅的第一站非赫尔辛基设计博物馆莫属，这里有着惊人的藏品数量：75000 件设计品、40000 份设计图纸、125000 张照片。博物馆建于 1873 年，原是为赫尔辛基艺术设计大学而开设的。后来该大学与其他两所大学合并，更名为阿尔托大学，是欧洲最重要的玻璃设计研究中心之一。玻璃设计是芬兰设计大师们非常珍视的艺术，在芬兰有着悠久的历史，这是因为制作玻璃的原料如木材、水和石英在芬兰俯拾皆是，可以取之自然。在芬兰，每家每户都有

赫尔辛基设计博物馆

一件出自大师之手的玻璃设计品。

从博物馆出来，可以在赫尔辛基最繁华的街区探索一番，从古董店逛到花店、从地球仪精品店逛到厨具店，大街小巷都惊喜满满，让人不自觉地流连其中。

知识驱动力、文化差异和创造力共同造就了芬兰的多元文化。当你停下来去找寻其多元印记时，会发现它就藏在赫尔辛基的各处细节和多种多样的艺术风格当中。

阿泰克[①]设计店是芬兰的创意胜地，轻轻推开玻璃门，就可以来这个奇妙的设计世界一探究竟。1935 年，阿尔瓦 · 阿

① 阿泰克，芬兰家具生产商，创立于 1935 年。由 Art（艺术）与 Technology（科技）两个单词组合而成，寓意艺术与科技的结合。

尔托和他的妻子阿诺等人创立了阿泰克，希望能将艺术与科技融入设计中，其品牌名“阿泰克”就体现了这一诉求。阿泰克出品的桌子、扶手椅、架子、凳子和衣架在一定程度上改变了北欧人的生活习惯。坐落在赫尔辛基中央大街的阿泰克设计店好似一条艺术长廊，陈列着 20 世纪 30 年代的家具和阿尔托设计的灯具。

阿泰克二手店也值得一去，这里有一些从跳蚤市场收集来的极具代表性的椅子和经典二手物品。对于二手物品来说，这无疑是一个重生的绝好机会，它们在这里等待着各自的新家。除了这些，阿尔瓦·阿尔托的天才之作还有曾为萨沃伊餐厅设计的金钟吊灯。萨沃伊餐厅于 1937 年 6 月 3 日开业，是赫尔辛基的一家老牌餐厅，2017 年，萨沃伊开业 80 周年，阿泰克为此特别推出了新版金钟吊灯。

伊塔拉是芬兰国宝级的玻璃制造品牌，它出品的玻璃制品极具创造力。伊塔拉玻璃制品厂成立于 1881 年，经过多年的发展，已成为现代美学的典范。北埃斯普拉纳蒂购物街上的伊塔拉设计店里陈列着一代又一代的品牌玻璃制品，前来选购的顾客无一不称赞它们的实用性、功能性和可组合性。这里也有一部分作品出自阿尔瓦·阿尔托和卡伊·弗兰克之手，弗兰克被认为是“芬兰设计界的良知”和主张结合美观与实用的先锋人物，他于1952年设计的餐具“主题系列”就将美观和实用完美地结合了起来。

“赫尔辛基印染”是玛丽梅科[1]出品的纺织品上的标志。玛丽梅科的故事始于1949年的一家小公司，而正是这样一家小公司，在20世纪50至60年代彻底革新了纺织业。多年来，玛丽梅科的设计标准一直都是色彩鲜艳、充满活力、适合日常生活。1960年，玛丽梅科的服装以其现代、年轻、简约的外观征服了未来的美国第一夫人杰奎琳·肯尼迪：她在总统竞选期间，一口气买了七件玛丽梅科的花布裙子。

杰奎琳曾身穿玛丽梅科的裙子登上了国际著名杂志《体育画报》的封面，这极大程度地提高了玛丽梅科的品牌知名度。简洁的线条、优雅的剪裁、鲜艳的色彩凸显了杰奎琳的个性和外表，体现了时代精神，拉近了她与选民，尤其是与美国女性的距离。玛丽梅科经典又独特的风格使杰奎琳成为

---

① 玛丽梅科，芬兰一家著名时装公司，其设计的核心和灵魂就是公司位于赫尔辛基的纺织品印刷厂，它在玛丽梅科的设计过程中起着至关重要的作用。

时尚和魅力的象征。玛丽梅科品牌的裙子也曾亮相于在柏林肯尼迪博物馆举办的“礼服之灵”展览。

有些衣服永远都不会过时，就好比永不凋谢的花，而玛丽梅科的“罂粟花系列”就是其中一员。梅嘉·伊索拉于 1964 年设计的“罂粟花系列”经受住了时间的考验，多年来一直是玛丽梅科最受欢迎的图案之一。它先是被印在布料上，而后也被应用到许多家居用品上。大朵的蓝色罂粟花是 20 世纪 70 年代床罩上的常见元素，红色和紫色花纹在

玛丽梅科的罂粟花图案

今天常被用来做围裙和桌布。然而，谁又能想到品牌创始人阿米·拉提亚最初却坚持着“品牌不会生产任何花卉图案的产品”的理念……

在埃斯普拉纳蒂购物中心新开的玛丽梅科概念店里，各种各样的罂粟花争妍斗艳。这家店由曾为诸多国际知名品牌设计店铺的五角设计联盟[①]主持设计，设计团队以“玛丽梅科之家”为概念，为店铺的不同区域营造了不同氛围。目前，玛丽梅科在赫尔辛基共有 15 家门店，全球门店数高达 150 家，每家店都陈列着那些别具一格的衣服、包、茶杯等设计品。

玛丽梅科鼓励设计师们将传统与创新相结合，由此诞生了新一代创意作品“兄弟系列”。这是为庆祝芬兰独立 100 周年而特别推出的新款印花，由年轻设计师迈亚·洛埃卡里操刀设计，灵感来自芬兰民间传说，描绘了占芬兰领土面积 90%的森林中的植物和动物兄弟。

---

① 五角设计联盟，1972 年在英国成立，是世界上最富盛名的设计公司之一，由五个独立的设计师组成，工作室的名字也由此而来。

设计师之家

重要的事情都在一去不复返的时光里、免费的事物里和所有那些看起来多余的东西里，它在人们的舒适圈之外，你累了投降了，就永远不会发现哪些才是重要的。

——哈维尔·马里亚斯
《你明天的脸》

这是一个让人流连忘返的地方，刚一到达，就会被遍地的原创设计所吸引。如艺术画廊一般的大商场、充满设计感的建筑，如此种种，回过神的时候，城市早已拉下夜晚的帷幕。总之，这是一个值得花上冬季的一整个下午探索的地方，它的美藏匿在各处细节之中，仔细寻找，一定会有新的发现。

这说的正是坐落在哥本哈根市中心的斯特罗里耶步行街[①]，它由五条街道组成，是欧洲最长的步行街，但它其实更像一条大型北欧设计艺术长廊，值得人们花上大把时间探索。

这里有很多著名的百货店，如依路姆·玻利瓦尔斯百货中心，这个名字颇为神秘的百货店占据了整整四层楼，汇聚着众多丹麦设计名品。它是设计爱好者每天都想光顾的地方，在这里就仿佛置身创意天堂，能与无数设计品“摩肩接

① 斯特罗里耶步行街，位于哥本哈根市中心，始建于 17 世纪，是世界上第一条商业步行街。

踵”，从霍梅加德的玻璃瓶到保尔·汉宁森[①]于1925年设计的PH灯[②]，世界上最优秀的设计品都汇集于此。

要知道，丹麦玻璃品牌霍梅加德从1825年就开始生产玻璃瓶，代表着丹麦的玻璃发展史，而保尔·汉宁森则是斯堪的纳维亚软光和阴影理论的先驱、天才灯具设计师。

不远处，阿麦广场上精美的玻璃橱窗则为人们讲述着乔治·杰生的故事。品牌创始人乔治·杰生是在世界范围内都享有盛名的丹麦银匠大师，自1904年以来，他就主张将艺术与实用相结合，摒弃了装饰艺术的美学理念。

乔治·杰生涉足家居用品和珠宝设计等多个领域，引领着时尚潮流，它于20世纪20年代推出的“月光葡萄系列”以葡萄为设计主题，深受年轻创意人士喜爱，是女士们梦寐以求的精美饰品。此外，乔治·杰生的餐具也很受人们喜爱，每逢丹麦传统节日，人们的餐桌上一定会有它的身影。

---

① 保尔·汉宁森（1894—1967），出生于奥德拉普，是丹麦最早也是最杰出的研究照明理论的专家。

② PH灯，形似重叠的贝壳，灯泡完全被灯体覆盖，无论从任何角度都看不到光源，避免了眩光刺激眼睛。1925年获得了巴黎世界博览会的金奖，因此又被称为“巴黎灯”。

乔治·杰生最负声望的设计当属“雏菊系列”，此系列由吊坠、戒指和珐琅手镯组成，是名副其实的丹麦象征。雏菊是丹麦的国花，与丹麦皇室有着密不可分的关系。1940年，为庆祝未来的丹麦女王玛格丽特二世的诞生，乔治·杰生设计了“雏菊系列”。公主的诞生在战争期间提升了整个民族的精神，雏菊也因此成了希望的完美象征。

尼哈芬运河建造于17世纪，连接着港口和市中心。河两岸荷兰风格的彩色屋子鳞次栉比，仿佛能将人们带回过去那个船只交错、水手遍地的年代。这里的氛围也曾令汉斯·克里斯汀·安徒生着迷，他在沿尼哈芬运河居住期间创作了《豌豆公主》。几步开外的新国王广场坐落着丹麦最古老的百货店麦格辛·诺德，它至今仍是耀眼的北欧之星，一如其品牌标识上的那颗。

麦格辛百货店从1868年奥胡斯的一家小布行起家，两年后搬至哥本哈根著名的诺德酒店，正式以百货店的身份营业，这个时候，它仅占据了酒店的几个房间。到了1889年，麦格辛的店铺面积已扩大至整栋楼，这栋楼在几年之后被拆毁重建了。在那个年代，为了让顾客感到温暖舒适，整座大楼安装了80个暖炉和600盏气灯。百货店二楼设有自行车道，女士们可以在此试穿新骑行服。

和妻子住在尼哈芬运河沿岸的艾纳·韦格纳（或莉莉·艾尔贝）[①]就在这儿上班，韦格纳是电影《丹麦女孩》的主人公，该电影由汤姆·霍珀执导，改编自大卫·埃伯肖夫的同名小说，影片中的故事发生在20世纪20年代的哥本哈根：

① 艾纳·韦格纳原本是男性，莉莉·艾尔贝是他为自己取的女性名，是历史上首位变性人，20世纪30年代红极一时的丹麦艺术家。

哥本哈根城市天际线

晚上，他和一群朋友在尼哈芬运河边上他们最喜欢的咖啡吧吃饭。每当他多喝了几口白兰地稍微有些醉的时候，总会孩子气地吹嘘他的画展有多成功。

1960 年，一座外墙全为玻璃、高达 20 层的摩天大楼拔地而起，俯瞰着不远处那个有着旋转木马、迷宫、中国灯笼和棉花糖的奇妙世界，这就是著名的哥本哈根皇家酒店。酒店坐落在趣伏里公园对面，高达 70 米，至今仍是哥本哈根首屈一指的建筑。它的建成改变了城市的整体面貌，在哥本哈根设计史上具有重要意义。皇家酒店也是北欧航空公司为其国际旅客准备的贵宾休息室，在过去那些年里一度是创造力的象征。

酒店由建筑师、设计师阿纳 · 雅各布森主持设计，极具现代主义风格。这里的一切，大到整个酒店建筑，小到餐厅的勺子，几乎全部出自雅各布森之手。

雅各布森还于 1957 年设计了 AJ 灯，其中“AJ”是他的姓名首字母缩写。AJ 灯以其简约的线条成为家具中一个独特的存在，是极具代表性的设计作品。雅各布森同样以简约著称的作品还有蛋形椅和天鹅椅。遗憾的是，AJ 灯在享誉世界的同时，仿版也越来越多。为庆祝 AJ 灯面世 60 周年，其生产厂商还推出了其他五种颜色。

皇家酒店 606 房对每个设计爱好者来说都不容错过，这里完好地保存着雅各布森的室内设计作品，从窗帘到门把手，全都出自他之手。除了这些，在哥本哈根还能欣赏到这位天才建筑师的其他作品，如贝尔维尤海滩[①]上蓝白条纹的救生塔和设计于 20 世纪 30 年代极具功能主义特征的斯科夫斯维德加油站。

瑞典玻璃制品设计精美、风格简约、实用性极强，自 1925 年在巴黎世界博览会上亮相后，就将“瑞典式优雅”的概念普及开来，从这以后，瑞典设计开始在国际舞台上崭露头角。瑞典语中的家“hem”就如英语中的“home”一样，有一种私人空间的感觉，它不同于“hus”，即英语中的“house”，给人一种一个地点、一个建筑的感觉。家一直以来都是设计工作室的长青主题，设计师们不断探索、

---

① 贝尔维尤海滩，位于丹麦哥本哈根北郊克兰本堡，是哥本哈根最受欢迎的海滩之一，每年游客多达 50 万人次。

创新，希望为更多人打造一个更漂亮、舒适、实用、独一无二的家。

斯德哥尔摩有着各种奇思妙想。1628 年，皇家战舰“瓦萨号”处女航时在斯德哥尔摩港沉没，它在水里沉睡了 300 多年被打捞上来后，摇身一变，成了博物馆的一颗新星。斯德哥尔摩便是如此，它在保护现有文物的同时，还不断发掘着新文物。这座城市在淡水和咸水、波罗的海和梅拉伦湖之间起落沉浮，市中心塞格尔广场地面交错的街道和地下斑斓的世界都是它的一部分。或许正是因为置身这样的环境，它才更能体会到将传统与创新相结合的重要性。

斯德哥尔摩目光长远，早在 20 世纪 20 年代就建造了欧洲第一座现代摩天大楼——国王双塔，其设计灵感源自纽约曼哈顿下城的建筑，双塔南、北各一座，分别被称为国王南塔和国王北塔。

摄影博物馆建于 1906 年，原为海关大楼。它面朝南岛，从顶层俯瞰整座城市，能将 14 座岛屿尽收眼底，景色壮丽非凡。摄影博物馆除了陈列着来自世界各国的藏品，还坐落着世界上最好的博物馆餐厅，餐厅环境优雅，为人们提供零公里有机食物[1]。来这儿吃饭无须博物馆门票，乘坐电梯直达顶楼，就可以享受一顿珍馐美味。

但设计品不仅仅存在于这些地方，它也栖身在市外那些大型仓库里，这些仓库更像是设计师家具的展厅，人们可以在此尽情欣赏设计品。

每年 2 月，斯德哥尔摩设计周都会在城市的各个角落如火如荼地举办，轻质木材、玻璃制品等各种线条简约、外观特别的设计作品都将在展会上亮相。设计周仅持续一周，但北欧百货却永远都为人们敞开着。北欧百货位于港口路，1915 年正式对外营业，是瑞典历史最悠久、规模最大的高端百货店，其标志性的钟表形状标识在斯德哥尔摩家喻户晓。与它相比，近邻慕德则更像一条大型当代艺术长廊，除了坐落着餐厅和商店，还展示着一些当代艺术品。

在商场闲逛、购物是北欧人必不可少的冬季活动。斯图雷百货是瑞典老牌的百货中心，它内部环境优雅、装潢考究，除了有许多瑞典设计品和国际知名品牌店，也是一个喝

---

① 零公里食物，是近几年在意大利兴起的一个概念，指的是在当地生产、销售和食用的食物，这些食物未经长途运输，因而被称为零公里食物。

开胃酒和蒸桑拿的好去处，这里坐落着 19 世纪就开门营业的斯图雷巴德水疗中心。

百货中心不远处就是由 100 多年前的女校改建而成的克拉拉小姐酒店，它坐落在一栋德国青年主义风格的建筑物里，这座建筑是斯德哥尔摩保存最为完好的建筑物之一。

斯德哥尔摩是一座充满活力的城市，创造是这片土地的传统。在这里，设计室里斯德哥尔摩的独立设计师们时刻都在为推出新的设计作品而努力着；在这里，设计广场[①]上年轻设计师们的作品如雨后春笋般层出不穷。设计广场也因此备受瑞典人喜爱，人们在这儿能以非常合理的价格买到一些设计品。

值得一提的还有瑞典古老的儿童玩具达拉木马，它起源于瑞典的达拉纳地区，是一种纯手工雕刻的小木马，通常会被涂成红色或蓝色。达拉木马于 1939 年在纽约世界博览会上一举成名，至今仍是瑞典王国的象征。

近年来，瑞典的生活方式随着各种展览的举办而逐渐

---

① 设计广场，很多瑞典人购买家居商品的商店，设计广场对自己的定位是“聚集所有独特设计商品的市集”。

为人熟知。瑞典通过开展“瑞典设计旅行”[①]项目，向其他国家展示了其生活方式和一种与社会道德感密切相关的空间观念。2018 年，“瑞典设计旅行”也在意大利米兰设计周“关于家的故事”展览上亮相。

在瑞典，“美为大家”的概念深入人心，家的美观尤其受瑞典人重视。这同样也是宜家创始人英格瓦 · 坎普拉德所珍视的理念，他在斯莫兰开辟了宜家帝国，创造了一个世界商业传奇。坎普拉德承诺消费者帮他们以理想的价格打造一个梦想之家，因此宜家始终秉承着低价但充满设计感和允许消费者拆卸组装的理念，并以此彻底改革了装修和居住方式。与此同时，坎普拉德也收获了巨大财富，成为世界上最富有的人之一。

2018 年 1 月，坎普拉德在瑞典斯兰德的家中去世。回顾他的一生，会发现，宜家帝国是真正由他一砖一瓦创建的。首先是“宜家”这个名字，坎普拉德将他的名字首字母（I、K）和他长大的农场和村庄的名字——艾尔姆塔里德和阿干

---

① 瑞典设计旅行，由瑞典旅游局、瑞典工艺设计协会、瑞典建筑师协会等联合运营的一个瑞典设计推广项目。

纳瑞首字母（E、A）组合，创造了宜家（IKEA）这个品牌名。创建宜家的60多年来，坎普拉德将与瑞典国旗颜色一致的黄蓝企业标识从斯堪的纳维亚的森林带到了东南亚地区的大商场。

宜家家具大部分都是在瑞典设计的，那些在其他国家投入生产的也一定会有瑞典名字。宜家的浴室用品常用北欧的湖泊、河流和海湾名命名，窗帘和纺织品通常使用瑞典女子的名字，书架则常用男子和职业名命名。比如比利书柜，它的名字就来自宜家员工比利·利耶达尔。

图伊豪尔门岛

一个发现的伟大与否取决于它对我们意味着什么。

——路德维希·维特根斯坦

哲学家

“世界是由故事构成的。”奥斯陆阿斯楚普·费恩利现代艺术博物馆的一张蓝色海报上这样写道。艺术博物馆位于图伊豪尔门岛，如今，这个过去的旧港口盆地和毗邻的阿克尔码头已是奥斯陆最具活力、最现代的地区。

图伊豪尔门岛面朝奥斯陆峡湾，面积不是很大，城市和大海在这里交汇，曾经的旧造船厂和集装箱成堆的码头早已不见踪影，取而代之的是挪威版的伦敦码头，它引领时尚，充满魅力，绽放着独一无二的光彩。

早在 20 世纪 80 年代，当造船业和奥斯陆港口贸易陷入危机时，挪威人就将目光投向新领域。他们目光长远，懂得抓住机遇，善于利用时代变革带来的各种新变化，对未来充满憧憬。

经过多年的重修改建，图伊豪尔门岛焕然一新，之前的老旧吊车和建筑工地来来往往的嘈杂声已不复存在，如今，这里水道纵横，居民区、商业区、步行区星罗棋布，呈现出一派繁荣的景象。岛上景色壮丽，不远处的峡湾若隐若现，林立的玻璃大楼之间矗立着一些未来主义雕塑，如雪橇摩托、北极熊等，红砖砌的港口仓库已被改造成咖啡吧、餐厅、艺术画廊和豪华酒店，小桥和船只往来的河道纵横其间。

图伊豪尔门岛的改造工程彻底革新了这片区域的面貌，而这在很大程度上都要归功于挪威的建筑师们，是他们在改造过程中给予了公共空间极大关注，是他们怀着强烈的社会责任感，在面对奥斯陆这样一个面朝大海的城市时，设计出适宜人类逗留的场所。实际上，此项改造方案也将对海洋的保护纳入其中：不久之后，峡湾内将只允许电动船只航行。

图伊豪尔门岛本身就是一座当代城市建筑博物馆。这里矗立着20位大师的建筑作品，它们设计新颖、外观独特，无一不令参观者称奇。此外，雕塑公园的雕塑也都出自名家之手。半岛的最南端坐落着艺术博物馆，此处距大海仅一步之遥，栖身着北欧现当代最重要的一个艺术藏品。

艺术博物馆由伦佐·皮亚诺主持设计。运河隔开了博物馆的两座展馆，但设计师又用一个形似船帆的玻璃屋顶将它们连接了起来。博物馆完美地融入了现有港口的整体风貌，其铝制柱梁就像船上的桅杆，桅杆的灰色镀层能令人联想到狂风暴雨时的海面。皮亚诺这样定义艺术博物馆：

> 它开放、包容，不会令人望而生畏，它是神圣与世俗的结合体，人们在这里无须拘束，肆意享受就好了。

艺术博物馆还有一个品位不凡的邻居——小偷酒店。对于一个豪华酒店来说，这个名字似乎有点离经叛道，其实不然，它跟图伊豪尔门岛（小偷岛）有着深厚的历史渊源。[①]酒店的名字还影射了出自爱德华·蒙克之手的挪威艺术代表画作《呐喊》的两次被盗。

小偷酒店滨水而建，面朝峡湾，客房由奥斯陆著名建筑师事务所设计，每间客房都有艺术品装饰，而这些艺术品全都是由挪威国家艺术、建筑和设计博物馆前馆长素恩·诺德格伦精心挑选的。因此，酒店更像是一条艺术长廊，它的主人是亿万富翁、收藏家彼得·斯托达伦。

《纽约时报》曾这样评论小偷酒店："在这儿住上一晚，你可能就决心抢家银行永远地住下去了。"听起来有点夸张，但只要来参观一次，就会发现小偷酒店完全值得这样的点评。

不远处的阿克尔码头海滨长廊则将古典与现代完美地结合了起来。远远望去，一边是坚不可摧的阿克斯胡斯城堡和它后面的市政厅，另一边是码头上的旧钟和那些老旧仓库。100多年来，这个港口一直是阿克斯造船厂所在地，随着阿克尔码头滨水区城市改造工程的启动，这里也于1986年迎来了第一批商店。

如今的阿克尔码头是奥斯陆人首选的聚会场所，他们常在漫长的夏夜穿梭于这里形形色色的餐厅、驳船、咖啡吧和音乐场所。其他季节的阿克尔码头也同样人头攒动，天空、大海和低云构成的灰蓝色调使这里处处散发着北欧的魅力。

挪威是一个无限亲民的国家，它一直在以各种办法拉近和居民之间的距离，同时，它也是世界上贫富差距最小的国家。

羊毛先生

他看见了那面红、白、蓝三色相间的旗帜，那是对祖国最好的献礼，它顽强地依附着树干，借着风力来回摆动。

——安妮·霍尔特
《盲女》

在奥斯陆经常能看到年轻的女士们面带微笑地坐在咖啡桌旁，用彩色羊毛毛线做着手工编织。近年来，古老的编织技术重新流行了起来，它被人们视为一种新式瑜伽，有助于放松身心、集中注意力，与冥想 1 小时有同样的好处。“手臂编织”是最近兴起的新潮流，这是种不用针，仅依靠手腕和一种非常粗的毛线就能完成编织的技术，它源于美国，在奥斯陆非常流行。使用这种编织技术在 1 小时之内便可以织条小围脖或大披肩。而在这短短 1 小时里，不仅能学到一种新的编织技术，还能像以往在羊毛俱乐部那样开展社交活动。

羊毛加工是斯堪的纳维亚地区一个重要的文化印记。挪威人使用针织制品的历史已有几百年，现存最早的凭证是 16 世纪下半叶一张购买长筒袜的便条。如果说，在过去，人们动手编织是出于生活需要，那现在则完全是因为爱好。

近年来，奥斯陆又重新兴起了自己动手的热潮，驯鹿和星星图案的毛衣重新流行了起来，人们纷纷翻出搁置已久的圆针，用斯堪的纳维亚地区的常用织法，或所谓的自上而下织法编织着挪威传统的毛衣。每年 10 月的最后一个周末，奥斯陆还会举办针织节，年轻一代的挪威人以这种方式回顾过去，他们翻出祖母的笔记本，掸去上面的灰尘，在里面搜寻着老式花样。当然，对于我们这些没有“祖母手册”的人来说，要想亲手织件星星图案的开衫或是一顶雪晶图案的帽子，又或是一双手套、一双袜子，在网上就能找到各种各样北欧风格的样式。

坐落在奥斯陆的挪威民俗博物馆有着更多关于羊毛和手工制品的故事，这里的一个展览曾展出了 500 多双仿照过去那些古老样式制作的手套。民俗博物馆是一个了解挪威传统的好去处，除了羊毛手套，这里还有 170 多座来自挪威各地的木建筑。

挪威每个地区的毛衣图样都不尽相同，这点跟典型的挪威地方服装巴纳德比较类似，其颜色和织线跟当地的传统有着密切联系。安尼钦 · 西伯尔尼在 1929 年出版的《挪威针织设计》一书中详细介绍了塞尔布纹样和塞特斯达尔纹样。前者自 1857 年那个寒冷的冬天就以其双色星星图案对羊毛艺术产生了重大影响，后者则将小 V 形图案与幸运十字架结合，形成了一种独特的编织图案。

这本书对挪威几代人都意义重大，是挪威人的编织参考手册，为他们，尤其是为二战期间从事编织工作的妇女提供了源源不断的编织灵感。实际上，在纳粹占领挪威时期，传统的毛衣图案还是民族身份和爱国主义的象征。

安尼钦的著作在挪威羊毛加工史上有着重要意义。机器制造的普及使得手工编织更为难得，书中的编织样式不仅为手工编织提供了指导，还鼓舞着挪威人创造更多具有本土特色的图案，以增强民族自豪感。

战后时期，马里厄斯毛衣一度引领着挪威的潮流。设计师乌恩·索伊兰德在 1953 年设计了马里厄斯毛衣，这件与挪威国旗撞色的红、蓝、白三色毛衣是挪威的民族标志，也是滑雪和户外活动的象征。它出现之后，开始有更多风格独特的挪威传统毛衣走进人们的视野。

马里厄斯毛衣在挪威以外的国家也小有名气，很受意大利山区人民喜爱。毛衣得名于马里厄斯·埃里克森，他是第一位穿马里厄斯毛衣的人。马里厄斯除了是奥运冠军斯坦因的弟弟，还是飞行员、演员和滑雪运动员。多年来，马里

塞特斯达尔纹样

塞尔布纹样

厄斯毛衣的生产一直都由挪威羊毛行业的领头企业桑内斯纱线工厂负责。

羊毛制品在斯堪的纳维亚地区的另一个国家瑞典也很受欢迎。每个瑞典人家里都至少有一条克里潘纺织工厂生产的格纹羊毛毯，它常被瑞典人带去公园野餐或是铺在壁炉前的沙发上。这款经典的羊毛毯温暖、厚实，有流苏装饰，在瑞典畅销了 100 余年。它除了是湖边小屋的完美搭档，也是斯德哥尔摩那些精品酒店的必备之物。

克里潘羊毛工厂是家族企业，如今已传承了五代，它不仅忠于传统，而且懂得借力创新，如采用环保羊毛（取决于绵羊的喂养）制作格纹、与吉塔 · 本特森 · 比约克等设计师以及丽莎 · 拉尔森等艺术家合作。然而，在 2008 至 2009 年经济危机的影响下，为缩减劳动力成本，这家 20 世纪 70 年代最现代化的纺织厂也不得不将其位于克里潘的母工厂的部分生产转移至拉脱维亚。

得益于研究和创新，瑞典历史最为悠久的行业——纺织业已经重整旗鼓，重新出发了。过去几年里为了控制开支以便渡过危机、重新崛起而迁出的企业已悉数迁回，位于哥德堡附近的博拉斯市的纺织业也已涅槃重生，这片区域新的商业引擎是一个由旧工厂改建而成的纺织时尚中心，聚集着200多家公司。

厂商、设计师、工程师、研究人员会集于此，用公共资金支持新企业的创办，帮助年轻人启动创业之路，瑞典纺织行业正以这种方式广布“天罗地网”，扩大市场份额。

瑞典能成为仅次于韩国的世界第二大创新大国绝非偶然，这里是创业的天堂，要知道，瑞典每1000位雇员就对应着20家创业企业，而在美国，这个数字仅为5。

在布罗斯将有机会参观纺织博物馆。博物馆将传统与创新相结合，除了向人们展示着布罗斯的纺织历史，还专门开设了一个智能展厅向人们展示着各种最新发明，比如通过手机应用程序计步的袜子，可以说，这里展示的正是我们未来的生活。

40

PART 3

关于美食的学问

在北欧，人们会随着季节的更迭、风景的变换而烹饪不同美食，因此，你喜爱的食物就反映着你是更偏爱秋季的森林，还是夏季的岛屿。

斯堪的纳维亚美食的食材大都来自脚下的土地。近年来兴起的“新北欧料理”理念将创新与传统相结合，使北欧菜成为国际舞台上一颗冉冉升起的新星。

美食还意味着共享一段美好时光，我们可以借此机会交流想法、分享知识，餐桌承载着我们无数的欢乐时光。

开口三明治

开口三明治就是为传承而生的。

——特琳·哈内曼
《开口三明治》

开口三明治是丹麦的一种传统美食，丹麦语是“Smørrebrød”，其中的“smør”和“brød”分别是“黄油”和“面包”的意思。它在丹麦人心中的地位就相当于意大利面在意大利人心中的地位，是丹麦人生活中不可或缺的食物，配上啤酒或白兰地，在斯堪的纳维亚地区就算得上一顿齐全的正餐了，很受丹麦人喜欢。开口三明治在丹麦非常常见，在传统的或现代的当地餐馆里、市场的摊位上、火车和轮渡上都能买到。

这是丹麦第一种可打包带走的食物，诞生于17世纪的农村家庭。当时，农民在日间外出劳作时会把它装在篮子里带去田野作为餐食。19世纪末，开口三明治融入了独特的丹麦地方风味，开始在城市地区流行起来。它深受新一代美食家喜爱，是典型的北欧街头美食，在米兰和纽约都享有盛誉。

怎么用一片面包做出令人垂涎的美味呢？改良了传统开口三明治的丹麦大厨亚当·阿曼对此略知一二。阿曼选取时令食材，发明了几十种开口三明治，以供人们在午餐时搭配有机啤酒食用。丹麦人也常用这种特别的三明治招待客人，它的制作是一门真正的艺术，需要人们在原材料和配菜的选择上下大功夫。

那么，我们就先来了解一些有关开口三明治的基础知识。开口三明治最初只是一片涂了黄油、铺了冷肉的黑麦面包，口感非常粗糙。然而随着时间的推移，它的配料越来越丰富，面包的选择也越来越讲究，比如，用海鲜和三文鱼做配料时，人们会用口感细腻的白面包做底。

要做一份地道的丹麦三明治，原材料首选斯堪的纳维亚地区的常用食材，如虾、烟熏或腌制三文鱼、煮鸡蛋、鲱鱼（腌制或发酵）和莳萝。但如果你勇于冒险、敢于尝试，也可以紧跟“新北欧料理”潮流，用李子、甜菜、苹果、茴香、芦笋、橙子片和樱桃做配料。

哥本哈根瓦埃勒市场的舒适氛围非常适合人们在寒冷的冬日前来享受美食。每到午餐时刻，市场里哈伦尼斯三明治的柜台前总是排着长队，而好不容易排到了，吃什么倒成了新的难题。店里三明治种类繁多，丹麦语的菜单上罗列着20多种口味，让人不知从何下手，通常这种时候，看外观、凭直觉点餐就对了。这里面最值得一试的当属经典款的腌制或烟熏三文鱼配石榴、鱼片配蛋黄酱。哈伦尼斯三明治很受欢迎，通常情况下，橱窗里的三明治几分钟就会被抢购一空，因此在买三明治的路上，丹麦人一定是步履匆匆的。

如今，丹麦的开口三明治在国际上也小有名气，是世界上最受喜爱的三明治之一，它跟美国的俱乐部三明治有点类似。哥本哈根最著名的三明治店当属艾达·戴维森，连《纽约时报》都对这位“艾达女王”赞不绝口。这家店是酒商奥斯卡·戴维森在 1888 年创办的，如今已传至第五代，是著名的家族餐厅。

早在 1900 年，“艾达女王”就在四种面包的基础上发明了 178 种三明治，以其长达 140 厘米的菜单而被载入了吉尼斯世界纪录。当时，开口三明治在哥本哈根非常流行，它装饰精美，既是美味高雅的速食晚餐，又是欣赏完剧院或舞厅演出后的充饥小食，给人们的生活带来了极大便利。

戴维森餐厅代代相传，在 100 多年的经营中不断推出新菜品，如以培根和肝酱制成的安徒生三明治。其中，培根和肝酱是安徒生在日记中提到的他最喜欢的食材。餐厅每天售出的三明治多达 300 ~ 400 个，个个堪称现代艺术的杰作，在丹麦和世界上其他国家都很受欢迎。

制作开口三明治的食材不尽相同，有如沙丁鱼、蔬菜和萨拉米香肠这样的简单食材，也有如鱼子酱、龙虾等这样的高级食材，不同食材做成的三明治在颜色、味道和质地上也有明显区别。总之，在诞生了阿纳 · 雅各布森、汉斯 · 韦格纳和乔治 · 杰生的这片土地上，美食的制作也同样精细。

鲽鱼小虾三明治

4 人份食材：

黑麦面包 4 片 新鲜莳萝

酸橙汁 1 汤匙 鲜奶油 200 毫升

盐 胡椒粉

鲽鱼片 4 片 小虾 100 克

面粉 黄油 几片沙拉菜叶

做法：

莳萝切碎放入盛有酸橙汁的碗里，加入奶油、盐和胡椒粉，搅拌均匀后，放入冰箱。

将鲽鱼片在面粉中过一下，使两面均匀沾上面粉。平底锅放小块黄油，将鱼片煎至金黄色，煎的同时煮虾。在盘子上摆好面包片，给面包片涂上黄油，涂好后，在上面放几片沙拉菜叶，将煎好的鲽鱼片放上去，浇上酱汁后，再放上煮熟的小虾。

女王的虾

就在那时，她看见了那座雕像……那座圣乔治杀死恶龙救下少女的雕像。但那时莉斯贝丝还不知道这个，而且也不感兴趣。

——大卫·拉格朗兹
《以眼还眼的女孩》

在斯德哥尔摩老城的圣乔治屠龙雕像前有五座小房子[1]，房子里有七间拱形屋顶的石砌地窖。早在17世纪，一位名叫安娜·林德伯格的女士就在这里经营着一家餐馆，腌制三文鱼在那时就很受欢迎，前来就餐的顾客们无人不知。那么，这道常居瑞典菜菜单榜首的佳肴究竟特别在哪里呢？

瑞典三文鱼由莳萝、盐和糖腌制而成，是一道广为流传的传统菜肴，可以追溯到几百年前。中世纪时，渔夫将捕获的三文鱼用食盐腌制、莳萝调味后，放入沙坑使其发酵，以便保存更长时间。这道菜在瑞典语中被称为“gravad lax”，其中“grav”意为“坟墓”，“lax”意为“三文鱼”，意思是“埋在沙坑中的三文鱼”。

现今的腌制技术已然更加成熟，人们不再使用沙坑，而是将三文鱼进行干腌，但腌制三文鱼的独特风味却没有因此而打折扣，它仍是受人欢迎的瑞典特色，而且在盎格鲁-撒克逊国家也越来越受欢迎。可以说，只有吃过瑞典的腌制三文鱼，才算品过三文鱼的真滋味。

① 此处指“五间房”餐厅，因餐厅的外观如五间相邻的民居而得名。

渔民和水手的故事在斯德哥尔摩飘扬回荡，穿过老城的广场和“五间房”的昏暗烛光，掠过就餐者的耳畔，飘到了东城区的法式林荫大道上，也飘到了这里建于 19 世纪末的一座典雅大楼和红砖砌成的东马尔姆市场里。

东城区最负盛名的林荫大道当属为 1897 年的斯德哥尔摩世界博览会而建的海滩大街。20 世纪初，这里曾居住着最富有的商人。当时，渔民们的生活异常艰苦。住在岛上的 16 岁的丽莎亲切、热情又充满活力，每天都来码头售卖鲱鱼，就这样日复一日，1926 年终于在东马尔姆市场买下了属于自己的摊位。丽莎不仅以此改变了自己的生活，也给后代留下了一笔宝贵遗产。

这听起来像是一个北欧童话，但当年的老照片印证了故事的真实性。在传承了四代、大约 100 年后，丽莎 · 埃里姆奎斯特家族在当地已经颇有名望。直到今天，东马尔姆市场那个大柜台仍以丽莎的名字命名，它还为瑞典皇室供应水产。丽莎 · 埃里姆奎斯特除了是斯德哥尔摩最知名的购买海鲜、鱼子酱以及新鲜、烟熏和腌制三文鱼的地方之一，还是人们争相体验的高人气餐厅。

东马尔姆市场是一座建于 19 世纪的红砖建筑，由古斯塔夫·克拉森和卡斯珀·萨林主持设计，1888 年 12 月 30 日在国王奥斯卡二世的见证下开业。最近几年，当地政府正在对其进行翻修，在此期间，市场内的所有商家和餐厅都搬到了对面广场上的临时市场。相信在不久之后，洗尽纤尘的东马尔姆市场定会为斯德哥尔摩添上浓墨重彩的一笔。

瑞典人对贝类的热爱也由来已久，他们尤其偏爱小龙虾，早在 16 世纪，就将其做成肉酱和馅饼食用。瑞典第一位科学家彼得·曼森在 1522 年的一个处方中建议将小龙虾与伏特加一起食用，以此治疗霍乱。

过去，小龙虾和蘑菇只有贵族可以享用。19 世纪中期，小龙虾开始频繁出现在中产阶级的餐桌上。到了 20 世纪，它已成为瑞典的国民美食，由此还衍生了一个小龙虾节。

8 月和 9 月的每个星期三，瑞典全民都沉浸在小龙虾节的热烈氛围中。小龙虾以盐水、莳萝和啤酒烹饪作为冷餐食用，佐餐食物是面包、奶酪和沙拉。伴着温热夏夜里的露天晚餐、摇曳的纸灯笼、咣当作响的白兰地酒杯和此起彼伏的祝酒歌声，夏天悄然走向尾声。

直到 100 年前，瑞典还是欧洲主要的小龙虾出口国。但如今，由于河流和湖泊中的贝类动物数量急剧下降，有濒临灭绝的风险，瑞典颁布了捕捉禁令，规定每年只有在 8 月之后的几周才能合法捕捞。

20 世纪初，瑞典非常盛行吃小龙虾，仅在瑞典第三大湖梅拉伦湖，每年就有 500 万只被捕捞。当年的斯德哥尔摩以桶为单位向德国的豪华餐厅供应着腌制虾尾，如今却要从中国和美国进口小龙虾……

尽管如此，虾类仍然是瑞典餐桌上的主角，如虾酱吐司，瑞典人将它称为“Toast Skagen”，其中“Skagen”一词源于丹麦北端的渔镇斯卡恩。这个神奇的地方一直以其独特的光线和优美的风景吸引着诸多艺术家的眼球，波罗的海和北海在此相遇，但又因密度和盐度的不同而从未交融。正是在这片水域上，1956 年，瑞典著名烹饪大师托拉・利特曼发明了虾酱吐司，他是瑞典美食的招牌和二战后瑞典民族烹饪的创造者。传言，在划船比赛中风平浪静、胜算渺茫的一天，厨师为鼓舞船员的士气，在船上的厨房里发明了这道菜。

虾酱吐司

4 人份食材：

切片白面包 4 片　去壳虾仁 320 克

蛋黄酱 4 汤匙　第戎芥末 1 汤匙

新鲜莳萝　柠檬 1 个　黄油

做法：

面包片的两面涂少许黄油，用平底锅煎至金黄色。莳萝切碎后加入虾、蛋黄酱和第戎芥末，充分搅拌。把拌好的酱料涂在煎好的面包片上。最后用莳萝枝装饰，食用时配上一片柠檬。如果喜欢清淡一点的口味，可以不用油煎面包片，简单地烤一下，然后涂上黄油即可。

花、鸡油菇与蓝莓

黄房子外面的人们也发现了芭比的才能……港口和市场上的人都对她又敬又怕。

——凯伦·白烈森
《芭比的盛宴》

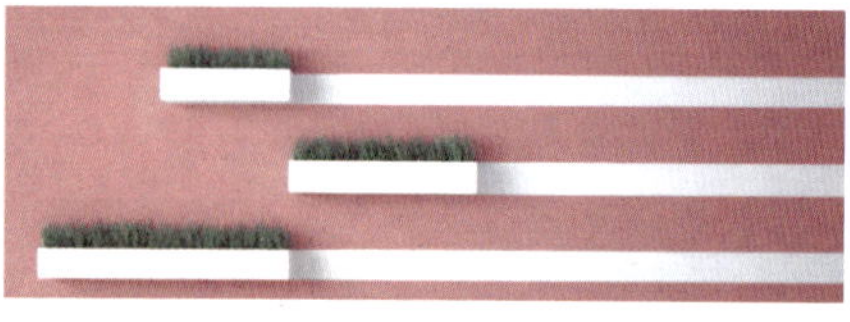

每年第一场雪落下的时候，12 月仍很遥远。这时，街上已经有人在卖北欧冷杉花环了，顾客们用纸张将它小心包裹起来，就好像捧着的是那些易碎的珍贵珠宝。然而，到了夏天，街上的摊位则摆满了新鲜采摘的鸡油菇、一篮篮饱满硕大的蓝莓、茶藨子和北极覆盆子。

北欧城市与大自然无限亲近，广场上、市场上都弥漫着树木独有的香气。北欧的市场，或经典或后现代，或封闭或露天，或优雅或新奇，坐落在前工业区和港口码头，独特又有趣，能帮助人们更好地了解一个国家的饮食习惯和美食文化。

奥斯陆的城市改造项目大都与水有关，除了由花岗岩、玻璃、铝材建成的奥斯陆歌剧院和诸多改建过的面朝峡湾的建筑，还有将这座城市一分为二的阿克塞尔瓦河，它是奥斯陆改造工程的重要部分，改造完成后，将改变城市的整体风貌。

曾经的阿克塞尔瓦河不仅是奥斯陆东西部的分界线，也是贫穷与富裕的分界线，它的东岸住着工人和移民，西岸则云集着资本家和富人，著名的玛莎伦市场就坐落在这里的一座 1908 年的红砖建筑里。玛莎伦市场原是一个旧铁轨工厂，设计灵感来源于其他斯堪的纳维亚国家的建筑，改建完成后，于 2012 年正式开业。市场的改建工程由奥斯陆独立完成，因而也具有本国独特的风格，它所在的这片区域曾见证过挪威工业革命。

从柜台后看整个市场，工业考古学的魅力一览无余，市场的空间利用也做得极为巧妙，它们的结合使得玛莎伦市场极具特色。宽阔的玻璃屋顶下，40 多家特色食品店和餐厅鳞次栉比，每逢周末，晚上也会开门营业。此外，这里还经常举办各种各样的美食节。市场里的“火山果蔬”是整个奥斯陆种类最齐全的知名果蔬店，“斯堪的纳维亚”则是一个桌位不多，但气氛很好的当地餐馆，主打由鲱鱼、苹果、土豆、酸奶油制成的鲱鱼卷和用虾、金枪鱼、烟熏三文鱼、芦笋、鸡蛋制成的三明治蛋糕等瑞典特色食物。

玛莎伦市场真正与众不同的地方在于它所处的地理位置。市场坐落在阿克塞尔瓦河沿岸的前工业区——乌尔坎区，这是一个新的城市文化中心，以创新力和生态环境的可持续发展而著称，其电力能源主要来自区域内一个 300 米深的地热井发电站。当年的废弃工厂已被悉数改造为艺术画廊、咖啡吧、酒店、办公室、住宅楼、学校和舞蹈学院，《纽约时报》还曾对其进行过报道，称阿克塞尔瓦河沿岸是奥斯陆最惬意的通幽小道。总之，它早已不是过去那片只有工厂的区域了，如今的乌尔坎区引领着斯堪的纳维亚时尚，挪威的设计和建筑中心就坐落在这里一座翻新过的发电站里。

于赫尔辛基而言，一座市场可是远远不够的。首先是坐落在埃特拉兰塔路、有着悠久历史的老农贸市场，这是一座由古斯塔夫·内斯特罗姆主持设计的室内市场，建成于1888年，次年向公众开放。市场南门清晰地标注着其建成时间。在那个年代，市场的中心长廊上有120多个摊位和6家商店，但商家的营业执照却只允许他们售卖鸡蛋、黄油、奶酪、水果和蔬菜。

当芬兰经历了一系列政治和经济变动并于1995年加入欧洲联盟时，经济也随之复苏。经过大规模整修，老农贸市场于2014年夏天重新开放，为20世纪末的压抑氛围注入了新的动力因子。市场中不乏用设计师家具精心装点的小角落，人们可以在这里享用早餐和午餐，就像在北欧的其他市场一样。在市场进行重建的那段时间，商家曾将摊位迁往希塔拉赫蒂市场，但当初这个不得已的举动却为他们带来了新的机遇：临时摊位大获成功，因此商家在老农贸市场重新开放之际也未将其迁出，而是重新开设了新的摊位，从而扩大了经营规模。

赫尔辛基最令人垂涎欲滴的特色菜想必就是鱼了。在玛嘉纳蒂海鲜店可以买到、吃到各种海鲜，店铺橱窗里为人们展示着诸多芬兰特色：开口三明治、螃蟹、速冻鱼、用莳萝和红胡椒腌制而成的鱼、鱼汉堡，还有芬兰人最爱的三文鱼汤。若能在晴朗的夏日伴着大海的气息和海鸥的叫声在港口的码头上享用一顿午餐，一定美妙极了。赫尔辛基集市广场几步开外的地方还有一个大型夏季市场，它毗邻波罗的海，坐落在渡轮码头旁，更具商业气息。在这里能买到当地和爱沙尼亚森林的水果和蘑菇，还有地道的北欧街头美食，如驯鹿肉、三文鱼、油炸白鲑和配着奶油、果酱的芬兰薄饼。

哈卡涅米市场的气氛则迥然不同，在这里能买到当地小公司生产的零公里食物。市场由建筑师卡尔·哈德夫·塞格斯塔德主持设计并于 1914 年开业，共 2 层 70 家商店，一层主要卖食品，另一层手工艺品居多。听这里的店家说，他们还有一些老顾客是专程从附近的圣彼得堡赶过来的。

三文鱼汤

4 人份食材：

鱼汤 1 升　新鲜三文鱼片 500 克

新鲜洋葱 2 个　白胡椒　月桂叶 1 片

土豆 5 个　胡萝卜 2 个

新鲜奶油 50 毫升　新鲜莳萝　盐

做法：

将鱼头、鱼骨和芹菜叶一起煮至少 30 分钟，滤出肉汤，加入切碎的洋葱、胡椒粉和月桂叶继续煮。在此期间，把胡萝卜和土豆洗净切丁，放入锅中煮大约 10 分钟。

三文鱼片洗净，去皮去刺，切成丁，放入鱼汤中，同时加入蔬菜，小火煮 5 分钟后加入奶油、切碎的莳萝，搅拌均匀，煮到浓度合适时关火，盛起。

肉丸雨

桌子上摆满了各种各样的美食：圣诞火腿、意大利香肠、鲱鱼沙拉、肉丸子、德国香肠等等，看得人眼花缭乱。

——卡米拉·拉克伯格
《暴风雪和杏仁香》

这里所说的肉丸可不是宜家肉丸，千万不要把它跟你们在宜家门店自助餐托盘上看到的肉丸联系起来！我们需要从一个全新的视角看待瑞典美食，以便更深入地感受其风味，了解其内在。

肉丸在瑞典语中是“Köttbullar”，这道爱意满满的家常菜被意大利人称为“祖母肉丸”，食用时会浇上特别熬制的番茄酱汁。肉丸在瑞典餐桌上非常常见，它易于烹饪，很受瑞典人欢迎，地位就相当于意大利人家里的番茄酱意大利面。肉丸是名副其实的瑞典国民菜，每个瑞典人都有根据自己的口味调整过的独家菜谱。

肉丸是瑞典小孩和大人都喜欢的传统食物，是冬日宴会上必不可少的珍馐美味，也是圣诞大餐、夏日晚餐上不可替代的餐桌主角。瑞典肉丸有传统版和现代版，它们代表着旧式和新式斯堪的纳维亚烹饪的碰撞。

普林森肉丸也被称为佩利坎肉丸，是普林森餐厅的特色食物，而普林森餐厅自 1897 年以来就是瑞典传统美食的殿堂。瑞典菜单上的肉丸看似千篇一律，但其实各有千秋。首先它们的口味就多达上千种，不管是周日在湖边早午餐时享用的肉丸，还是在南岛上非常流行的外卖肉丸，又或是在老干草市场关门前最后一分钟享用的肉丸晚餐，都不尽相同。每个人可以根据自己的喜好而选择心仪的肉丸。

瑞典肉丸有大有小，大的跟高尔夫球差不多，小的则跟果仁糖差不多，有辣的，也有不辣的，都裹着多香果、肉豆蔻和丁香，浸在香浓酱汁里。瑞典人一般用平底锅烹饪肉丸，食用时会配上腌黄瓜、土豆泥和一勺北欧风味的越橘果酱。肉丸是对味蕾最大的慰藉，瑞典人擅长用各种各样的方法烹饪它，有句拉普兰谚语就说：

肉丸的做法比邻居的驯鹿还要多。

那么，究竟是谁发明了瑞典肉丸呢？有些人认为，是国王查尔斯十二世在18世纪初流亡伊斯坦布尔后，由中东引入瑞典的。“瑞典肉丸”这个词第一次出现是在厨师温

迪 · 瓦格于 1754 年所著的瑞典著名烹饪书中。

并非只有瑞典人对肉丸欲罢不能，它在北欧所有国家都很受欢迎。芬兰人将肉丸称为“Lihapyörykät”，不论是在赫尔辛基的老市场，还是在高端百货商场斯托克曼的美食广场，都能买到。坐落在尼哈芬港口后面的哥本哈根当地餐馆还为人们供应一些“特别的改良菜”，如素食、咖喱酱鸡肉、羊肉配希腊奶酪、三文鱼配柠檬、鳕鱼配杧果。

瑞典肉丸

食材：

面包屑 50 克　碎牛肉 300 克　碎猪肉 200 克

洋葱半个　牛奶 100 毫升　鸡蛋 1 个　肉豆蔻 1 撮

丁香花蕊少许　白胡椒　盐　植物油　黄油

酱汁食材：

肉汤 600 毫升　面粉　2 勺黄油

做法：

在一个大碗里放入面包屑、香料、盐、白胡椒和牛奶，搅拌均匀后，静置 10 分钟。将碎肉、切碎的洋葱、打好的鸡蛋加入拌好的混合物中，搅拌均匀后，将其搓成若干肉丸。在锅里放植物油和黄油，将肉丸下锅煎 10 分钟直至成褐色。煎好后可放在烤箱里保温。

酱汁做法：

肉汤煮沸。用平底锅将面粉炒至发亮后加入黄油，两者充分融合后倒入肉汤，持续搅拌以防面粉结块。搅拌均匀后，将肉丸回锅，煮到肉汤变稠，必要的时候继续加肉汤。起锅后配上土豆泥和一勺越橘果酱即可食用。

采珠人

用蓝色花朵和黑边装饰的盘子里盛着腌鳗鱼和三文鱼薄片……小银碗里装着鱼子酱。

——米哈伊尔 · A. 布尔加科夫
《狗心》

瑞典最贵的鱼子酱来自波罗的海最北端波的尼亚湾的冰冷水域。卡利克斯红鱼子酱在被送进厨房之前，就已经是瑞典最受欢迎的美味了，在斯德哥尔摩市政厅举办的诺贝尔晚宴和世界各地的瑞典大使馆的正式晚宴上必然少不了它。

卡利克斯红鱼子酱色泽橙黄，味道鲜美，带着一丝大海的味道，是一种非常特别的鱼子酱。它由欧白鲑的鱼卵制成，是瑞典餐桌上的顶级美味，2012 年获得了欧盟原产地保护认证，其名字“卡利克斯”既是瑞典北部城市的名字，也是汇入北波罗的海的河流之名。卡利克斯鱼子酱在国外市场上颇受高端消费者青睐，伦敦哈洛德百货食品大厅的顾客就一定能品味到它的绝妙之处。

波罗的海这些“袖珍珍珠”的独特之处在于它们的生长地：欧白鲑栖息的地方非常特殊，它刚好处在北极圈以外，流经即将汇入波的尼亚湾的清澈河流，盐度极低，矿物质丰富，非常适宜欧白鲑生长。

这里的捕捞规则非常严苛，珍贵的欧白鲑只能在雌鱼产卵时，即从 9 月下旬开始的五周里捕捞。鱼卵取出后经过清洗、滤干、腌制等工序，就会被送入斯德哥尔摩的高级餐厅和精品美食店。所以，每年 10 月底，人们就能尝到新鲜出炉的鱼子酱。

在波的尼亚湾捕捞欧白鲑是负责任、可持续和经认证的捕捞行为，这得益于瑞典渔民和研究人员共同推进的一项保护项目。为保护北极地区的自然遗产、保证资源的可持续发展，该项目每年都会对鱼类的捕捞数量加以限制并禁止捕获小鱼。鱼类是北欧日常饮食中不可或缺的食物，居住在波的尼亚湾沿岸的芬兰人常用它来做传统的鱼馅面包。

卡利克斯鱼子酱贵如黄金，斯德哥尔摩每 100 克鱼子酱价值 190 瑞典克朗（约 20 欧元），这是因为一只雌白鲑产的卵仅可制成两小勺鱼子酱。它与鳟鱼、鲑鱼鱼子酱有很大区别，后两者虽然味道也不错，但不那么贵重。在瑞典，这种“红色的黄金”须计重购买，新鲜度是重中之重，只有特殊场合才会被端上桌。瑞典人一般用吐司虾托和布利尼饼搭配鱼子酱。布利尼饼是北欧地区的一种小圆煎饼，通常搭配洋葱和酸奶油食用。

> 厨房里弥漫着食物的香味。艾丽卡从冰箱里取出现成的布利尼饼放进烤箱加热。她拿了两个餐盘，又从冰箱里取了一包酸奶油……橱台上的碗里盛着已经切碎的洋葱。
>
> ——卡米拉·拉克伯格《冰公主》

而芬兰则盛产黑鱼子酱，其北部的北卡累利阿地区坐落着一个环境友好型的西伯利亚鲟鱼养殖场。黑鱼子酱色泽清亮、价值珍贵，是一种可持续食品，它虽然呈黑色，却是100% 的绿色产品，尤其当它产自芬兰这样一个爱护环境的国家。

100 多年来，人们在北卡累利阿地区捕捞野生鲟鱼，用鲟鱼卵来制作那些昂贵而独特的食物。这些“黑珍珠”在边境线另一边的俄罗斯也享有盛名，曾深受沙皇喜爱。如今，天然鱼类资源大幅减少，为了扩大鱼类的繁殖，一些芬兰生产商做了一个伟大尝试：他们在室内建造了一个鲟鱼养殖场，以此获取鱼子酱。该养殖场可人为控制环境，符合生态可持续发展理念，是鲟鱼在北欧冬季极端严寒的自然环境下的避难所。

黑鱼子酱珍贵稀有，过去只有沙皇彼得大帝等君主级别的人才能享用，在世界各地都是上流社会生活方式的象征。芬兰鲟鱼养殖场位于两个湖泊系统之间，不会对生态产生任何不良影响。养殖场循环利用水资源，利用废物为养殖提供所需能源。这种“黑色的黄金”可根据质量、价值和口味，被分为三等，头等产自北欧，每 30 克价值 100 多欧元。

鱼子酱一直都是奢侈的象征，是几个世纪以来备受追捧的“明星”。它是希腊哲学家们熟悉的美味，也是古罗马酒神节上的珍馐，后来也一度风靡好莱坞，是玛丽莲 · 梦露最喜欢的食物，奥黛丽 · 赫本常以它作为早餐，欧内斯特 · 海明威曾以它招待玛琳娜 · 黛德丽。如今，卡累利阿鱼子酱已在纽约、旧金山和迈阿密等美国市场占据了一席之地，之后，它也将前往拉斯维加斯开拓市场。

但好的鱼子酱究竟是何种味道呢？“首先不应该有鱼的味道。”芬兰专家如此说道。但也不能只凭一个味道就下定论，鱼子酱的品质要根据它入口时的感觉而进行评判。在芬兰，布利尼饼被认为是鱼子酱的最佳拍档，这种源于俄罗斯的咸味烤饼深受芬兰人喜爱，他们常在早餐时搭配烟熏三文鱼食用。

每年 1 月，赫尔辛基都会举办荞麦煎饼周，在过去的十年里，当地许多餐馆都参加过这个活动。它不仅使人们重温了圣诞节的温暖氛围，还向人们证明了即便是在最寒冷、最黑暗的日子，美食和快乐依然陪伴着我们。

布利尼饼

4 人份食材：

面粉 80 克　荞麦面粉 80 克　啤酒酵母 10 克

白砂糖 20 克　鸡蛋 2 个　黄油 50 克

牛奶 100 毫升　盐

做法：

在碗里倒入两种面粉和酵母，加入糖和盐搅拌均匀。将牛奶和黄油放入平底锅加热，热好后将其倒入混合好的面粉中，最后加入蛋黄，将蛋清放置在一边。面糊和好后，放置在温暖处发酵一个半小时。

待面糊充分发酵后，将蛋清打至泡沫状加入面糊中。给平底锅涂上黄油，油烧热之后，用小汤勺舀少许面糊倒入平底锅，使之形成一个直径约 10 厘米的小圆饼形状。当煎饼变得蓬松柔软且两面都煎黄了的时候，就可以盛出煎另一个了。

童话里的巧克力

生活本身就是童话。

——汉斯·克里斯汀·安徒生

冬天的哥本哈根同样充满魅力，在老城能找到许多温暖心灵、取悦味蕾的好地方，拉格雷斯就是其中之一，也是最值得一去的地方。刚下午5点，室外温度就已降至零下了，但还是有很多人在斯科柏大街3号排着队耐心等候，又或许正是因为天气的严寒，人们才迫切地想要走进这个小小的甜品天堂暖一暖身体。拉格雷斯有四间小厅，还保留着19世纪末的装修风格和90年代生产的复古家具。

拉格雷斯于1870年10月开业，是丹麦最古老的甜品店，店里的甜品都由手工制作而成，如今已经营至第六代，多年来始终保持着最初的品质，在哥本哈根很受欢迎。诞生于安徒生时代的拉格雷斯就好像是从童话世界走出来的，它会像所有童话故事一样，拥有一个美好的结局。

橱窗里的糖果、充满法式风情的马卡龙、裹着糖霜的五层大蛋糕、心形杏仁酥、小糖猪等无一不令人称赞丹麦人巧夺天工的手艺。拉格雷斯是“一处好地方”[1]的甜蜜角落，引

① 此处引用了丹麦国歌《有一处好地方》。

拉格雷斯甜品店，哥本哈根

诱着路过的每一位行人。

在寒冷黑暗的冬日午后，来这儿买几块黄油饼干或一个用蝴蝶结精心装饰的三条装巧克力排，或是精心挑选一块蛋糕，配上一杯温暖、微苦却美味的热巧克力坐在窗边安静享用，岂不是最完美的“Hygge”！

蛋糕可以说是丹麦人的一种执念了，他们在家吃、在甜品店吃，甚至还会带去办公室吃。在拉格雷斯选块心仪的蛋糕可得花些时间，店里的玻璃柜台里摆满了各种各样的蛋糕，它们不仅口味不同，还各有与丹麦文化相关的典故，就连蛋糕的绿色包装也都别具一格。

只要看一眼你选的蛋糕，我就能猜到你是阅读爱好者还是大自然爱好者，是音乐家还是舞蹈家，或者由此判断你是不是一个贪婪的人。

2005 年，拉格雷斯推出了安徒生蛋糕，这一年正值丹麦举国欢庆安徒生 200 周年诞辰。如今，这种以白巧克力装饰、象征着书本的蛋糕已是店里的经典之作了，其食谱被收录在《拉格雷斯的童话蛋糕》一书中，在店里一楼就能买到。

另外一个比较著名的蛋糕是受丹麦作家凯伦 · 布里克森启发做出的咖啡蛋糕，作家在肯尼亚经营着一个咖啡种植园，她在《走出非洲》一书中写道：

> 种植园也有美不胜收的时候。当雨季来临，咖啡树开花时，在毛毛细雨中，在薄雾的笼罩下，好似有一团云朵飘浮在 600 英亩的土地上，那景象真是美得摄人心魄。

白瓷托盘上摆着的还有奥赛罗蛋糕，它的灵感则来自莎士比亚的一部悲剧作品。奥赛罗蛋糕深受丹麦人喜爱，但这可不单单是因为哈姆雷特王子和位于哥本哈根北部赫尔辛格的克伦堡宫。奥赛罗蛋糕有春、秋两季两个版本，分别向人们展示了不同季节的北欧森林。

还有鲁宾斯坦蛋糕，它的名字来自俄罗斯犹太裔著名钢琴家、作曲家安东 · 鲁宾斯坦。除此之外，还有一些为纪念舞蹈演员和戏剧首映而发明的蛋糕，比如，裹满奶油的运动蛋糕就是为纪念舞台剧《运动员》1891 年在丹麦人民剧院的首映而推出的。

但拉格雷斯的主要特色其实是创始人尼古拉斯 · 海宁

森独创的冰淇淋，一如其店名“La Glace”，它是冰淇淋的法语名称。时至今日，这个甜品家族仍兢兢业业地经营着拉格雷斯，传承着海宁森在19世纪晚期发明的冰淇淋制作法，他们开创的半冷冻甜品曾在丹麦大获成功。

20世纪初，拉格雷斯推出了用丑小鸭、天鹅和公主装饰的冰淇淋蛋糕，它至今仍为这家甜品实验室的甜品制作提供着源源不断的灵感。

PART 4

午夜大事记

北欧有着漫长的黑夜，也有着无尽的白日。事实上，它的魅力也恰恰在此。极昼极夜的交替是这片土地独有的特色，自然的定律决定了北欧人的生活习惯和风俗传统。

晴朗的天空、开阔的视野抑或是极地夜晚无边的黑暗都加深着北欧人相守的愿望。他们在仲夏节享受无尽的阳光，在圣诞节围炉夜话，欢声笑语不断。这里的生活恰如一场光明和黑暗的拉锯战。

仲夏夜之梦

一看见你的脸，我就再看不见黑夜，所以并不觉得我是在黑夜里。这座林子也并不比闹市冷清，因为在我眼里，你就是那花花世界；那么怎能说，我是孤零零的一个？——眼前有整个花花世界在望着我。

——威廉·莎士比亚
《仲夏夜之梦》

幸福是什么呢？于北欧人而言，幸福是在明亮无尽的仲夏节之夜，身着一件20世纪70年代风格的玛丽梅科绿色裙子，头戴花环，与家人和朋友一起在梅拉伦湖边吹着晚风共享美食、畅快谈笑。美食是这美好时刻和热烈氛围的点缀，腌鲱鱼、啤酒和加了香料的瑞典烈酒应有尽有。另一边，人们正围绕着用常春藤和花卉精心装饰的五月花柱载歌载舞。

仲夏节是一年中最具瑞典特色的节日，自20世纪初以来就广受欢迎，是除圣诞节之外最受重视的盛典，芬兰人对此也很热忱，但在挪威和丹麦就不怎么隆重了，他们一般会在海边燃起篝火庆祝。尽管如此，仲夏节在整个北欧地区还是有着很强的象征意义，它最初与异教徒的传统相关，早在16世纪就为人熟知了。

夏至是北半球一年中白昼最长、黑夜最短的一天，从这天开始，北欧短暂夏日里的日长将会无限延长。仲夏节是北欧人献给光明的赞歌，是他们为夏季奏响的欢迎曲。

2017 年 6 月 21 日，斯德哥尔摩于凌晨 3 点 31 分日出，22 点 06 分日落，日照时间共计 18 小时 35 分钟。再往北一点，太阳甚至都不会落下，它在一片红黄辉映的暮色之中，悬挂在地平线上。在北欧人看来，再没什么比这无尽的阳光与光明更值得庆祝的了。

6 月 19 日—6 月 25 日这个周的周末绝对是放空身心、享受斯堪的纳维亚慢生活的绝佳时间。瑞典日历上一般会用红色字体注明周六，这周因为仲夏节前夜的缘故，周五也被标注为红色了，这就使得这个节日更加特别、更受期待了。仲夏节就好似夏季版的圣诞节，是相聚、分享快乐、享受阳光、与大自然亲密接触愉悦身心的大好时光。

用鲜花、树叶和缎带装饰的五月花柱在仲夏节中扮演着重要角色。它在传统文化中象征着生育，起源于日耳曼民族，与纪念人类和地球繁殖能力的古老祭祀仪式有关。直到今天，每年仲夏节过后的第九个月，瑞典都会迎来一个小小的婴儿潮。

很难想象，在瑞典这样一个高度现代化的国家，人口的变化居然与传统有着如此紧密的联系。每年仲夏节，瑞典人都会离开城市，和家人一起在乡村、小岛、湖边或是繁盛的白桦树下度过一段美好时光。这时候，红色的瑞典乡间小屋可就备受青睐了，小屋是用法伦大铜山矿区的一种特殊颜料——法伦红刷成的，这种颜料能保护木材在冬季时免受严寒天气的侵蚀，由它漆成的暗红色还是家的象征。

> 已经快晚上 8 点了，但太阳仍高高地悬挂在天上。冬至前后，人们根本无法在这里见到如此亮光，而又因为曾长久地被黑暗笼罩过，此刻的温暖越发显得弥足珍贵。
>
> ——维维卡 · 斯滕《盛怒之下》

光明和黑暗、白天和夜晚、夏季和冬季的交替以其独特的魅力吸引着北欧居民，也迫使他们不得不应对诸如极夜和午夜太阳这样极端的日照变化。极昼极夜的谜团已然解开，我们知道它的形成是由于地球在沿椭圆形轨道绕太阳公转时，还绕着自身的倾斜地轴旋转的原因。如此一来，这个问题对于认可“地平说”观点的人来说岂非更为深奥复杂?

大约公元前 1400 年，人们就用青铜刻画出了神秘的太

仲夏节舞蹈

阳之旅，这说的正是现存放于丹麦哥本哈根皇家博物馆的“雷鸣太阳战车”：脚踩四只轮子的马拉着一个大大的金色圆盘绕着地球向前移动，日复一日，周而复始，圆盘用象征着运动的螺旋装饰着。它是阐明北欧青铜时代神话的重要史料，如今也被印在1000克朗的丹麦纸币上。

每到6月，许多古老的仪式和咒语就会悄然浮现在北欧人的脑海中。传说，仲夏节前夜是神秘的恋爱时刻。女孩儿们只要采摘七种或九种不同的花朵放在枕头下面，到了夜里，命中注定的那个他就会出现在梦中。但若想要婚姻长长久久，就得找名字首字母相同的花，或者在有七个或九个农场的田野里寻找，要么就在太阳下山后到半夜 12 点这段时间摘花，但 6 月的北欧，太阳恐怕很难落到地平线之下。

唱歌是瑞典人的一大爱好，在仲夏节这样的大好日子里，他们更是按捺不住引吭高歌的热切心情。每年过节时，瑞典人都会围着五月柱蹦蹦跳跳，活泼欢快地唱着有关青蛙和小猪的经典童谣：

小青蛙，小青蛙，非常有趣。
小青蛙，小青蛙，非常有趣。
没有耳朵，没有耳朵，也没有尾巴。
没有耳朵，没有耳朵，也没有尾巴。

然而，没有丰盛的美食，又谈何过节呢？仲夏节大餐一般会从配着不同酱料的腌鲱鱼以及配着新鲜莳萝、酸奶油和香葱的小土豆开始，随后是一道烧烤菜肴，如排骨或三文鱼，甜品则是今夏第一批草莓，要是能把它做成草莓蛋糕，那就更完美了。

草莓蛋糕

草莓蛋糕食材：

面粉 350 克　鸡蛋 6 个　白砂糖 180 克

内馅和表面装饰食材：

蛋黄 4 个　淀粉 4 勺　白砂糖 5 勺

牛奶 400 毫升　香草荚 1 枝　鲜奶油 250 毫升

草莓 500 克　薄荷

做法：

鸡蛋加糖，打发至泡沫状。加入筛过的面粉，从底部向上充分翻拌，直至看不到干面粉。模具内涂层黄油、撒些干面粉，然后将混合物倒进来并将表面抹平。烤箱预热，温度调至 150 摄氏度，烤 40 分钟。烤好后取出冷却。

等待蛋糕冷却的同时准备奶油。牛奶中放枝香草荚，然后煮沸。另外，蛋黄加糖，打散后逐次加入筛过的面粉，再慢慢倒入牛奶，然后将混合物倒入平底锅中煮沸，在此期间要继续搅拌，变稠后关火冷却。等到它快完全变冷时，开始搅拌之前备好的鲜奶油，呈泡沫状后，加入部分煮好的混合物。从下往上轻轻搅拌，以防奶油熔化。

蛋糕冷却后，将其切成三层，依次在每一层上涂上奶油、铺上切成两半的草莓。最后用刚才打发的鲜奶油、草莓、薄荷叶装饰。

天才们的晚宴

在斯德哥尔摩市政厅举行的诺贝尔晚宴持续了 3 小时 39 分钟。那时，舞会已经开始了，从外面的天寒地冻中依稀可以听到音乐声。

——丽莎 · 麦可隆
《诺贝尔的遗嘱》

冬日的正午时分，笼罩斯德哥尔摩的仍是无尽的黑暗。彼时，红砖砌成的市政厅[1]和它右侧那带有三个镀金皇冠的尖塔正沉默地矗立在国王岛东端。在这片庄严肃穆的氛围中，等待也不如以往那样漫长，而是变得神圣伟大。冬日的空气清新冷冽，若此刻置身市政厅的院子，透过拱形门廊还能看到南岛上影影绰绰的灯光和河对岸的居民楼。楼梯和大厅那边不时传来准备晚宴的窸窣声，由厨师、侍者、灯光师、鲜花供应、酒侍等 300 人组成的小分队正在里面忙前忙后，完善宴会上的每一处细节。没过多久，蓝厅一切就绪，准备接待将在 7 点陆续入场的 1300 位身着优雅礼服的贵宾。这一天是 12 月 10 日，斯德哥尔摩市政厅觥筹交错，人们盛装出席，在诺贝尔晚宴上为天才举杯。

自 1934 年以来，由诺贝尔基金会精心组织的诺贝尔晚宴就在市政厅举行。晚宴优雅正式、华丽隆重，除王室成员、

① 斯德哥尔摩市政厅，建于 1911 年，历时 12 年才完成，是瑞典建筑中最重要的作品。

诺贝尔奖得主、各国优秀学者、政界要人等，获奖者也可携其家属出席，但每人最多只可邀请15位。除此之外，每年还会抽取200名瑞典学生，他们将携各自学校的校旗向获奖者致敬。用完晚餐，全员移步金色大厅参加舞会。

蓝厅并非蓝色的大厅，实际上，蓝厅墙壁从未被粉刷过，而是一直保留着红砖原本的颜色和典雅古朴的质感。蓝厅由800万块红砖堆砌而成，表面呈棕红色，看着就会让人想起凉廊环绕的意大利广场。这里面的管风琴是北欧最大的管风琴，它会在每年的新年音乐会上奏响最欢快的乐章，让人们以最热烈的氛围迎接新年的到来。

市政厅建于20世纪初，是斯德哥尔摩的标志性建筑。每年在位于城市中心地带的干草市场8号斯德哥尔摩音乐厅举行完诺贝尔奖颁奖仪式之后，都会移步于此举行庆祝仪式。在诺贝尔的诸多奖项中，只有和平奖的颁奖仪式是在奥斯陆市政厅举行的。

通常，诺贝尔化学奖、物理学奖、生理学或医学奖、文学奖和经济学奖（1968年由瑞典中央银行设立的新增奖项）得主均会被授予一枚金牌、一本证书和一笔高达90多万欧元的奖金。“我将尽量非理性地花掉这笔钱。”2017年，诺贝尔经济学奖得主美国人理查德·塞勒[1]发表获奖感言时幽默地说道。他通过探索有限理性、社会偏好、自制力缺乏所导致的结果，揭示了人类特征如何系统性地影响个人决定和市场结果。

诺贝尔晚宴菜单的保密工作非常严格，不到晚宴开始，绝不揭晓。晚宴一般会有三道菜，菜单用法语书写，2004年之后，也被译成英语和瑞典语。菜品需要40多位厨师花上足足四天准备，斯堪的纳维亚特色菜是晚宴上的重头戏，同时，获奖者国家的美食传统也会是重要参考点。比如2016年的菜式就有木炭烤海螯虾和扇贝配荨麻、腌苹果，南曼兰鹌鹑配耶路撒冷朝鲜蓟、野蘑菇。

那么，若非诺奖得主，是否可以享受到这样一顿晚餐呢？答案当然是肯定的。不仅如此，你还能在餐桌上体验一把以自己的知识、科研成果和创造力造福世界的“最强大脑”的感觉，而这一切，在市政厅地下餐厅就可以实现。这家餐

① 理查德·塞勒（1945— ），2017年度诺贝尔经济学奖得主，获奖理由是其对行为经济学的贡献。他提出的心理账户理论可以有效解释人们在消费决策中那些“非理性”行为。

厅诞生于 20 世纪 20 年代，多年来一直负责诺贝尔宴会的餐饮服务。它对外供应自 1901 年以来所有诺贝尔晚宴菜品，顾客仅需提前预约，告知预算，提供获奖者姓名和获奖年份，就可享用一顿诺贝尔奖得主同款晚餐，就连桌面的摆放也会一模一样，餐具、酒杯、银器都将是晚宴同款。

诺贝尔奖章正面图案

在斯德哥尔摩，诺贝尔奖盛会当然不会只持续短短一天，瑞典人会花上 12 月的一整周热烈庆祝。每年的这段时间，斯德哥尔摩比以往任何时候都更加光彩夺目，就仿佛置身于世界的中心，瑞典人将这一周称为“奇迹周”，在这期间举办的诺贝尔音乐会通常由诸如古斯塔沃 · 杜达梅尔和里卡多 · 穆蒂等名家担任指挥，备受大家瞩目。

诺贝尔奖是根据瑞典化学家阿尔弗雷德 · 诺贝尔的遗嘱所设立的奖项。诺贝尔是火药的发明者，但其并不愿以这个身份留名历史。化学家在遗嘱中声明用他的部分遗产成立一个基金会，每年将基金所产生的利息奖给在前一年中为人类做出杰出贡献的人。

斯德哥尔摩还有一座诺贝尔博物馆，它的建立旨在向那些改变世界的想法，向勇气、创造力和毅力，向所有造福人类的获奖者致敬。博物馆坐落在斯德哥尔摩大广场的证券交易所大楼内，每年的 12 月 10 日可免费参观。

在不久的将来，诺贝尔奖项的专属建筑——诺贝尔中心将在斯德哥尔摩巍峨屹立。位于斯德哥尔摩市中心的布拉塞尔半岛由五层楼构成，建筑立面由一列列整齐排列的“铜制条片”组成。该建筑由国际大型建筑事务所主持设计，是名副其实的诺贝尔之家。它既是伟大思想的载体，又是与城市景观和谐相融的活力新地标：除举办诺贝尔奖颁奖礼之外，这里还会承接相关展览、科学研讨会以及一些文化活动。建筑顶层还将会建一个餐厅，人们可以在这里一览整个城市的风光。

极光猎人

我要成为自己命运的主人而非他人的。

——比约恩·拉森
《约翰·西尔弗的一生》

有人曾将热爱和好奇投诸工作，为北欧天空下那舞动的光芒付出了一生，英国人托尼·贝特曼就是其中之一，他在移居芬兰之后，成为一名职业“极光猎手”，领导着一支专家团队。贝特曼的故事广为流传，他取得的成功也归功于一个有关北极光的网站，该网站以发布科学研究、预测太阳风暴、向人们介绍观赏极光的最佳地理位置为主，《金融时报》曾对此专门进行过报道。

实际上，这次我们一行所有人都出发了，只为见证当地谚语中那“燃烧着的狐狸尾巴在天空上作画”的奇迹。此刻的我们似乎也成了极光猎人，置身于北欧的森林，被黑暗和寒冷笼罩着，头上戴着探险者必备的小灯，焦急又紧张，只待镜头中出现那丝最熹微的光芒，好立即按下快门捕捉这一刻。

我们在广袤无垠的北极天空下一动不动，眼前的视野辽阔得不太真实。各路追梦人和极光发烧友争先来到这里，只为有朝一日能亲口说出“有一次我们看到极光了”，但有时候希望却会落空。这位“美丽的女士”很少露面，她总是徒留人们在一旁失望。当然，想要捕捉大自然的美，就得像动物狩猎一样，除了耐心之外，还要有好运的加持，即便两者兼备，事与愿违也是常事。但谁知道呢，也许下一秒就会与极光之舞不期而遇。

> 凌晨 3 点 15 分开始下雪了。最初只是飘着零星的小雪花，后来越下越密。极光在浓云的覆盖下无力地盘旋着，像一条蛇似的围着天上的星宿扭动，弯弯曲曲地向前延伸。
>
> ——奥萨 · 拉森《太阳风暴》

拉普兰当地居民赋予了极光魔力和神力。他们认为，那被施了魔法的狐狸在冻原上奔跑时点燃的火花是神谕降临的象征。但正如我们知道的那样，极光只是一种自然现象的诗意呈现，它的产生是由于太阳带电粒子流与大气发生碰撞，从而在南北两极的地磁极附近即地球保护层出现裂缝的地方产生的一种可见的发光现象。

因此，这些色彩斑斓的笔触其实来自太阳。绿色是极

光中最常见的颜色，它的形成并非源于魔力，而是由离地球不到 100 公里的氧气产生的。除绿色以外，出现在天空上的极光还有紫色、黄色、粉色和最为罕见的红色。极光的形状多种多样，无一不令观赏者称奇，它一会儿是小块斑点，一会儿又是大片面纱；一会儿呈拱门状，一会儿又呈射线状；一会儿像蒸气一样，一会儿又像波浪一样。

很多专家认为，冬季是观赏极光的最佳季节，最好的观赏时间是晚上 10 点到凌晨 3 点。但这也并非绝对性事件，谁都无法保证它能准时现身，这一切都取决于太阳活动。

秋季的极光自有它独特的魅力，而且这会儿天气还没那么冷……10 月的夜晚也可以明亮动人，舞动的极光照亮了本会被黑暗淹没的细微美景。于摄影师而言，这是一个上好的拍摄机会，他们不必为电池因低温而耗电过快的问题烦恼。但如果你冬天来这儿，除极光之外，还能亲眼见证为人

乐道的“蓝色时分”。每到冬季，这里的白天转瞬即逝，正午时刻才姗姗来迟的太阳刚从地平线上探出头来，就会立刻钻回去，用它反射的温柔蓝光给雪涂上一层蓝色，“蓝色时分”正得名于此。

若把距离、气候和偏远程度这些因素考虑进去，哪里会是观赏极光的最佳地点呢？作为欧洲最后一个原汁原味的荒野边疆，瑞典的拉普兰地区绝对是一个上好选择，它能带给人们不一样的享受。同样地，挪威和芬兰的拉普兰地区也是如此。在这里，人们会感觉自己置身荒野，远离尘世，远离光污染，真真正正地沉浸在野味十足的大自然中，沉浸在针叶林和苔原的无边寂静之中。

一般情况下，等极光露面，可能要花上好几小时，因此人们发明了各种各样的方法观赏极光。比如传统运动型的——摩托雪橇兜风、雪橇犬赛跑、越野滑雪、穿着雪鞋在茫茫雪原之中行走，待“绿光女神”将来之时，就休息片刻，屏息凝神仰望天空；独特专享型的——在舒适的玻璃屋、温暖的胶囊房、树屋或是五星级的萨米帐篷里守一整夜，静候极光现身。

在芬兰的凯米[1]，人们还在博特尼亚湾沿岸用玻璃墙和玻璃天花板搭建起了小别墅，谨防错失和“北欧女神”相会的机会。那些胆子更大的，还会在极光下烧烤，在黑黢黢的夜里去结了冰的河面钓鱼。但观赏方式的选择很大程度上还是取决于温度和个人的耐寒性，即便有取暖设施，也绝不能小瞧了北极的严寒程度。

极光天空站坐落在阿比斯库国家公园海拔 900 米以上的诺利亚山腰上，上来需要 30 分钟的缆车路程，它被认为

① 凯米，位于芬兰南部，这一带号称“海滨拉普兰”。

是世界上最适宜观赏北极光的地方。极光胜景虽不容错过，但出行前也别忘了准备两到三副手套，参考前辈们的防冻伤建议，比如出发前不要洗澡或蒸桑拿。

就是现在了！此刻，万籁俱寂，周围不见一丝光亮，极光即将登场，只待我们关掉电子设备，忘却时间的流转，抬头仰望天空，安静地观赏这片流光溢彩了。“极光女神”以其独特的魅力丰富着北欧人的神话世界，无论你身处何处，都会为她优美的舞步而倾倒。她拥有着致命的美丽，很多人奔赴万水千山，只期盼着能一睹其芳颜，哪怕一生只有一次；她迷人又多变，很多人常年相守，期盼时时能与其相遇。在拉普兰地区还流传着极光有益于生育的传说。

在北极光下独自一人度过一整夜难道不是一种非比寻常的浪漫体验吗？

野性的呼唤

天气很冷，温度已经降到了零下 18 摄氏度，还下着雪。在那不再属于我的语言中，雪花叫作“Qanik”。轻盈的大片晶体积落成堆，给地面盖上了一层白色冰霜粉末。

——彼得·霍格

《雪中第六感》

阿卡毛色乌黑，长相讨喜；宾年轻又开朗；但霍莉才是超级巨星，它简直就是为奔跑而生的！在瑞典诺尔兰地区的前哨站——基律纳市中心附近的尤尔格丹路上有一处小型犬舍，这里饲养着 40 多只狗，它们时刻准备着在北部的泰加森林与同伴一决高低，这其中有真正的王者。它们绝不是我们印象中那种长着蓝色眼睛、灰白相间、系着项圈被主人牵着在城市到处溜达的普通哈士奇。

在拉普兰地区，雪橇犬大多是阿拉斯加爱斯基摩犬，它们的眼睛和皮毛颜色不尽相同，而且毛皮不是很厚；它们友好、骄傲、独立、体格强健，身体中储藏着极大的能量；它们喜户外环境，偏爱寒冷气候，天生就爱奔跑。因此，一到犬舍，总能听到此起彼伏的犬吠，狗儿们知道自己即将走上战场，不愿留在家里。

在欧洲的荒野边疆体验一次狗拉雪橇绝对是不可错失的人生经历。用保暖装备将自己武装起来，等待工作人员就位之后，我们的旅程就要开始了。不必因为自己不是第一个

上雪橇的人而着急，因为往往最后坐下的人都会坐在雪橇前面的位置，能欣赏到沿途最美的风景，当然，这也意味着要顶着最强劲的寒风，忍受最刺骨的寒冷。比赛过程中，狗儿们会时不时地相互注视，在两位领队的带领下暗自较劲：看谁跑得更快。如果仅有零下几摄氏度的话，只要一停下来，它们就会不停地吃雪，这可不是因为累了或渴了，而是它们受不了“热”，天气越冷，它们就越开心。

通常，选择“狗拉雪橇一日游”就可以和狗儿在茫茫无边的雪地中畅游几小时。在这片银装素裹的世界中，走到哪儿看起来都是一样的，其实不然，你脚下的这片雪地或许是结了冰的湖泊和河流。在这里，邂逅一两只像岩雷鸟这样的北极物种不是什么稀罕事儿，幸运的话，还会看到驯鹿和麋鹿。行到中途，可以在萨米帐篷里稍做休息，补充体力。

能在这会儿喝杯咖啡、吃个小甜点、暖暖身体是再惬意不过的。即便是在瑞典的极北地区，欢快的休憩时光——Fika 也不能被遗忘。与此相比，帐篷里弥漫的烟简直不值一提。狗儿们也兴致勃勃，在外面兴奋地叫着，焦急地等待着踏上下半程旅程，好继续它们最爱的消遣——奔跑。

> 它们飞奔向下，经过一连串由死火山口形成的湖泊，当晚便赶至班奈特湖旁的一座大营地。上千个淘金客在那里造船，准备春天时破冰航行……那一天，它们跑了 60 公里，路上的积雪扎实，跑起来并不费力，可是接下来的几天，它们踏上了人迹未至的荒野，必须自己破冰开路。狗儿更加卖力，进度却更为缓慢。
>
> ——杰克 · 伦敦《野性的呼唤》

马茨 · 佩特森和他的犬舍合伙人还为游客推出了一个为期四天的雪橇冒险之旅，其灵感恰恰来自杰克 · 伦敦。这倒也不足为奇，因为瑞典的偏远地区本就与美国“最后的边疆”[①]有着千丝万缕的联系。电影《情系冰雪》中的某些场景就是在银装素裹、茫茫无边的基律纳取的景。该电影拍摄于 1997 年，由丹麦导演比尔 · 奥古斯特执导，改编自彼得 · 霍格的同名犯罪小说，故事背景设立在格陵兰岛。

每年都有许多支由狗拉着的雪橇队从基律纳出发抵达阿拉斯加，参加世界上最盛大的雪橇犬挑战赛——艾迪塔罗德狗拉雪橇比赛[②]。狗儿要挑战的是一段长达 1000 多公里的路程，这是一条在 19 世纪 20 年代为探险家和淘金者熟知、自然环境极端恶劣的路线，即使是在今天，冬天的时候也只有雪橇才能通行。人们将这场比赛称为“地球上最后的伟大征程”，于瑞典的哈士奇队而言，这是真正的野性的呼唤。参赛队伍中那些斜眼的格陵兰犬不容小觑，它们可是由北极狼驯化而来的。

---

① 指美国阿拉斯加州。

② 艾迪塔罗德狗拉雪橇比赛，一年一度于美国阿拉斯加州举行。赛事始办于 1973 年，参赛每队有 1 名橇夫和 16 条狗，赛程约 1868 公里，需 8 ~ 15 天。

基律纳是世界上最大的铁矿中心之一，它的起源和命运与铁矿紧紧相连。如今，这里共有2万多位居民，被称作“移动的城市”，有着独一无二的发展史。19世纪30年代，基律纳瓦拉山被发现蕴藏着丰富的铁矿资源，从那时起，这里的采矿业就迅速发展起来了。然而，随着开采范围的扩大，住宅中心也逐渐受到了侵袭，安全程度大幅下降。

人们在过去和未来之间摇摆不定，开始搬离部分区域。他们将家、办公室、学校和商业中心向东迁出几公里，以避免山体滑坡和倒塌等灾害。迁移城市的想法最先由管理矿山的国有企业提出，而后受到了民众的广泛支持，它是一项史无前例的重大举措，有望为人们带来一个全新的基律纳。

驯鹿之家

小时候，她经常坐雪橇。那是一段快乐的回忆……覆盖着街道的冰层又厚又亮，还没被人用沙子、盐和砾石破坏过。

——奥萨·拉森
《太阳风暴》

在北极圈之内有着一个拥有400多年历史的集市，集市上那些红蓝相间的萨米传统服饰在皑皑白雪和澄澈天空的映衬下，格外引人注目。

自17世纪以来，每年2月的第一个星期四，拉普兰地区最著名的冬季市集都会在瑞典约克莫克如期举办。对于居住在北极圈以内地区的瑞典人、挪威人、芬兰人以及所有那些想要进一步了解北极古老文化，了解它与自然环境、土地、天气状况的联系的人而言，这是一个千载难逢的好机会。当地人将欧洲的这片极北之地称为“萨普米”[①]。

瑞典拉普兰地区拥有四个自然公园和两个自然保护区，已被列入联合国教科文组织世界遗产名录。这不仅仅是由于其原始森林、巍峨山川、洁净的湖泊和河流构成的原生态美景，更是由于拉普兰居民对民族语言的传承和他们独特的生活方式：一直以来，萨米人都保留着自己的语言和传统。

---

① 萨普米，萨米语中对萨米人所拥有的土地的称呼。萨普米横跨挪威、瑞典、芬兰和俄罗斯科拉半岛。

拉普兰地区是世界上最大的、将原始的生活生产方式保留得最完好的地区。在这里，人们以移牧的方式饲养驯鹿，延续着祖先们的土地使用习惯，不随意开发土地资源，随着自然的更迭而合理使用土地。

萨米传统服饰

约克莫克意为“河流的弯道”，因为小镇恰恰位于河流的拐弯处。冬季市集的起源实则与国家对税收的考量有着千丝万缕的联系。当时，国王卡尔六世希望通过这个市场更好地掌控瑞典边远地区的商业活动，以便征收更多贸易税。时至今日，冬季集市在当地居民心中仍是一个重要的相聚机会。人们在集市上出售动物毛皮、羊毛制品、布料、银器和拉普兰地区的各色传统美食。

浆果类往往很耐保存，长时间储藏也不减其特有的香气和风味。当地生产商深谙此道，他们借助气候优势，在拉普兰漫长寒冷的冬天——有时，这里的温度会低至零下 40 摄氏度，尽可能多地保存着那些产自夏季的美味珍宝。市场的摊位上摆着一排排用树林里的神秘浆果制成的糖浆、蜜饯和果酱，那些住在南边的人甚至都不认识这其中的某些浆果，比如北极树莓、熊果。

然而，拉普兰地区真正的主角当属驯鹿。在这里，驯鹿与人口的比例高达 1 ∶ 1，人与鹿之间的关系相当密切，连萨米日历都是从 5 月开始的，而 5 月恰恰是驯鹿幼崽出生的时期。驯鹿在当地文化中扮演着极为重要的角色，于当地人而言，它是游牧时代遗留下来的“活遗产”。

直到今天，许多人仍随着季节的变化而更改放牧地点，跟随自然的缓慢节奏生活。人们除了用驯鹿来拉雪橇之外，还用它的毛皮制作鞋子和衣物。

驯鹿肉是世界上最健康的肉之一，富含B族维生素、ω-3和ω-6脂肪酸，脂肪含量较低。它与麋鹿肉都是北极地区非常常见的肉类，烹饪方式多种多样，到哪儿都是人们口中的推荐菜。驯鹿肉美味可口，肉质紧实，通常会被切成长条状和蘑菇、野菜一起烹饪，或者做成香肠，又或者切成薄片风干或熏干搭配无酵面包食用，这也是萨米人长途旅行时随身携带的食物。

约克莫克再往北，还有另一个对萨米人非常重要的贸易和商业中心——尤卡斯亚维。这是一个位于托恩河沿岸的村庄，村里小小的红色木制教堂将当地人对宗教的虔诚和对艺术的感知展现得淋漓尽致。尤卡斯亚维的一切都遵循着季节的节奏，自然而然地运转。听当地人说，当年第一批移民刚从南方过来定居的时候，冬天都没办法掩埋死者，因为这片冻土太过坚硬，根本无法挖开。多亏了这里极低的室外温度，人们可以暂时将尸体停放在教堂入口的存放处，等到来年春天再行埋葬。

如今的尤卡斯亚维村以冰屋旅馆而闻名，它被认为是世界上最独特的旅馆之一。现今，冰屋旅馆的一部分已是永久性建筑了：旅馆用太阳能电池板提供的能量使室内温度保持恒定，如此一来，即便是在夏天，冰屋的部分结构也不会融化。

冰屋旅馆于 1989 年开业，是用河水中的冰块建造而成的。它恰如其名，是一座巨大的冰屋。旅馆的所有房间都由冰雪制成，在浅蓝色灯光的映衬下，别有一番冰雪世界的清冷氛围。房间没有门窗，床上铺着毛皮，每年都会用不同艺术家的冰雕作品进行装饰。在这个满是走廊的白色迷宫中，有晶莹剔透的冰雪吊灯为人们指着路，不认真看的话，还会以为这亮晶晶的吊灯就是水晶做的。若想与友人在冰制烛台摇曳的灯光下碰杯互饮，冰屋酒吧则可以为你们提供一杯加了冰的开胃酒。

当“蓝色时分”走向尾声的时候，北极漫长的夜晚就悄然来临了，是时候离开这里找间小木屋，在壁炉前烤烤火暖暖身体，喝杯热咖啡了。

完美圣诞

——皮皮，那你怎么过圣诞节？

——我想我会给自己做一顿美味的午餐，然后第二天我会跟之前一样肚子疼，但很快就会好的。

——阿斯特丽德·林格伦
《长袜子皮皮》

此时，敞阔的广场正被黑暗笼罩着，除却摆满了五颜六色的木马和羊毛玩偶的摊位、空气中肉桂的香气，还能真切感受到空气中洋溢着的欢乐气息。雪花密密麻麻地落在地上，屋里白色蜡烛和彩色星星的光芒透过窗户给黑暗增添了一丝光亮。天太冷的时候，人们常待的地方多是商店、咖啡吧、餐厅、家，还有画廊，北欧人用冷杉、小彩灯、国旗、壁炉和老式火炉将这些地方装饰起来，营造出一种温暖的氛围，但其实最能温暖人心的还是微笑、欢乐的氛围和分享的意愿。北欧的圣诞节是我们孩童时期梦想中的节日，它是一段真正无忧无虑的快乐时光。

瑞典人、挪威人、丹麦人还有偏远的法罗群岛上的居民都用同一个词——“Jul”来表达圣诞节，这个词在他们的文化中有着相同的意义：一年中最美好、最重要的时期。这个古老的单词在不同语言中能追溯到同一个日耳曼词根。若有幸能在这些地方欢度一个圣诞，就会发现，直到今天，这里的人们仍传承着当地的传统和以往的节日精神，并以此招待客人，传递圣诞和相聚的喜乐。此刻的我们正置身于圣诞老人、桑塔·露琪亚、驯鹿和森林小精灵的奇妙世界。

圣诞树起源于德国西南部，在马丁·路德宗教改革的影响下，逐渐在整个欧洲流行起来。比起在街上庆祝圣诞，这位宗教改革的灵魂人物更喜欢搬一棵树回家庆祝，随着新教的传播，这种做法被新教徒纷纷效仿，开始变得普遍起来，但这时候的圣诞树还只用苹果和糖果装饰。瑞典语中关于圣诞树的记载最早可以追溯到 1632 年，但真正意义上我们今天所指的圣诞树是在 100 年后才出现的。那棵树为弗雷德·斯帕雷伯爵夫人所有，在那个年代被认为是一件专属的奢侈品。

起初，圣诞树体积很小，常被人们摆在桌子中间，到了 19 世纪逐渐被高达天花板的冷杉树取代。到了 20 世纪 30 年代，圣诞树开始走出温室，被搬到花园、广场等户外场所供人们欣赏。

少了圣诞餐，瑞典的圣诞节可就没有意义了。享用丰盛的圣诞自助餐绝对是平安夜的重要环节，整个 12 月，瑞典人都在和朋友、同事念叨这个温暖人心的仪式，期待着圣诞前夜和家人的相聚。一般来说，节日里的餐桌正中间都摆着烛台，各色熟食和冷盘会围绕烛台一一摆开。

圣诞火腿是圣诞大餐中最常见的一道菜，在很多历史插图中都能看见它的身影。圣诞火腿由一块去骨猪大腿肉腌制而成，根据瑞典农民的古老传统，只要在煮过之后裹上面包屑再烤一下，然后配上芥末酱，就可以享用了。其实在过去，只有过节的时候，人们才会杀猪、煮肉、吃肉，而且不会一次全吃光了，还得留下一部分供剩下的冬天食用。

圣诞大餐源远流长，也许在维京时期就已经存在了。但就今天已有的资料而言，最早可以追溯到 20 世纪初期。除圣诞火腿外，还有瑞典肉丸、腌制三文鱼、腌鲱鱼、香肠和中世纪时瑞典人就在吃的鳕鱼。此外，用土豆、洋葱和来自北大西洋的沙丁鱼烤成的焗类菜肴——“詹森的诱惑”更是一绝。这个菜名虽然古怪，但很受人们喜爱，直到今天，我们也不能确定它从何而来，它或许来自一个极具美食品位的歌剧家，又或许出自某个厨师和演员的故事。

圣诞大餐的具体菜品因地而异，主要取决于当地的原材料，那些在过去更易获得的原料更会被做成吃食摆上餐桌。比如，北部的餐桌上会有更多驯鹿和麋鹿肉，南部猪肉更多，鱼类和贝类则在西部的餐桌上更为常见。除此之外，每个家庭也都会有更合自己口味的圣诞餐。

位于斯德哥尔摩的北欧博物馆是为展出与瑞典社会传统相关的物品而专门设立的。在这里可以看到许多不同时间、不同地点的北欧室内建筑以及诸多可以借此追溯瑞典历史的餐桌艺术装饰。在众多展品中，一个资产阶级住宅的客厅为我们清晰地再现了 1890 年的平安夜：桌上摆着杏仁酥和干果，在一旁耶稣诞生的雕塑中，动物取代了牧羊人的位置，树上的天使和星星在漫长冬夜中闪烁着光芒。

在丹麦，圣诞大餐同样必不可少，烟熏三文鱼、鲱鱼、鸭肉配紫甘蓝、猪肉配苹果还有香肠配芥末和甜菜都是餐桌上很受欢迎的美味佳肴。除此之外，圣诞节还是感受丹麦人幸福生活的绝好时期。在基督降临节到圣诞节的这四个星期里，一到周末，丹麦人就会和朋友聚在一起做饼干、姜饼屋和姜饼人，或是去溜冰、吃圣诞甜甜圈、喝热香料酒。

到了 12 月 13 日，基督降临节的气氛最是浓烈，这一天也正好是瑞典一个非常特别的日子——桑塔 · 露琪亚节。自 18 世纪中叶以来，每逢这个一年中最短、最黑暗的日子，贵族们就会在宫殿和城堡里举行庆祝活动，唱响对光的赞歌。1927 年的这天，一家报社首次在斯德哥尔摩街头组织了游行活动。如今，瑞典的每座城市，每所学校、工厂、幼儿园、医院、疗养院和每一个购物中心都在延续着这个庆祝仪式，瑞典人将它传承了一代又一代，每年的桑塔 · 露琪亚节都会有成千上万的蜡烛在北欧的夜色中闪烁着光芒。

> 露琪亚挨家挨户地拜访每一家……房门打开，她悄然走进我的房间，走进那一室黑暗。那时，我还从未见过比这更美好的景象……她是击退阴暗的光，是战胜遗忘的传说，是一种内在的温暖，能使冰冷的土地也变得迷人、充满阳光。
>
> ——塞尔玛 · 拉格洛夫《圣诞书》

时至今日，露琪亚仍是满头金发、身着白色长裙、腰系一条红色长带、手上擎着蜡烛、头戴一圈电蜡烛的形象。她还会带来咖啡和被人们称为“露琪亚猫”的传统甜点，这种极具瑞典特色的藏红花面包是这几个星期里必不可少的食物。等不到露琪亚和她那香味四溢的小甜点露面，瑞典可是过渡不到圣诞节的。

PART 5

无边无际

那么，北欧真的是最后的边疆吗？它神秘迷人，是极地探险者无法抵抗的诱惑；它底蕴深厚，直到今天，人们还能在这片土地上追寻到维京人的生活踪迹。

维京人不只是战士，还是对斯堪的纳维亚地区的环境气候有着深刻了解的古老居民。他们深爱着这片土地，在与恶劣天气日复一日的对抗中，习得了在这里的生存技巧。

总之，这将是一趟历史和文化的追根溯源之旅，而语言将是走完这段旅程的必经之路。

维京人的岛

为了纪念他的父亲阿斯高特，他刻了这块石碑。他将向东边和西边航行。愿上帝保佑他的灵魂。

——维京符文石 U504 上的铭文

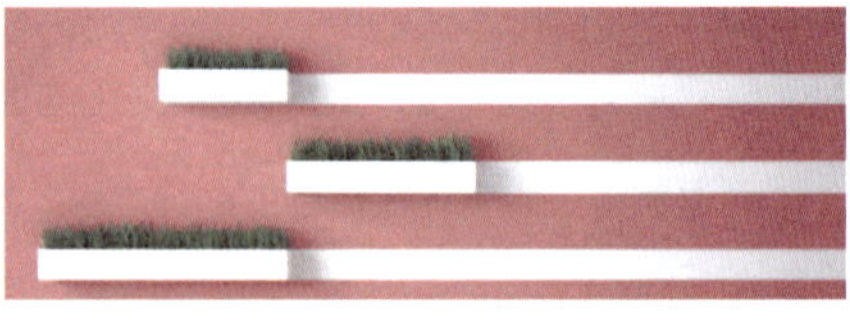

属于维京人的时代早已过去，但他们的故事至今仍吸引着很多人。在斯德哥尔摩，一艘船就可以带我们回到维京时代。我们将从市政厅旁的码头出发，在梅拉伦湖上向西航行几小时，于比约尔克岛（意为“桦树之岛”）靠岸。11个世纪以前，比尔卡曾矗立于此，它可能是瑞典最古老的维京人定居点，极具历史和文化价值，如今已被联合国教科文组织列为世界遗产。

比尔卡地处战略要地，是维京时代盛极一时的贸易中心和国际港口。当时，梅拉伦湖还是波罗的海的一个内部分支，四面环海，因此，比尔卡占据着得天独厚的地理优势，商业贸易繁荣，堪比今天我们口中的“国际化都市”。小镇始建于8世纪，曾聚集了众多来自东西方的商人和游客，在整个9世纪都呈现出欣欣向荣的景象，后来不知由于何种原因，人们突然遗弃了这座城市，比尔卡自此走向衰落并逐渐被人们遗忘。

现在要想看见比尔卡的繁华景象，恐怕只能靠想象了。

当年的商业中心已不复存在，残存下来的只有这片土地，甚至就连它也在环境的变迁中被海水吞噬了边边角角，比原来低了 5 厘米。而今，小镇已被重建，镇上的小博物馆展示着自 19 世纪末以来对比尔卡的挖掘和研究成果，码头上锚着维京人的船只。小镇上维京人的墓地被完好地保存下来了，这里有 3000 多个坟墓，是瑞典最大的维京人墓地，目前只发掘了 1000 个左右，还有一大部分亟待挖掘。

每一次挖掘都会带来惊喜，比如斯德哥尔摩大学研究人员的最新发现——BJ581 墓地。经出土骨骼中的 DNA 检验证实，这里埋葬的维京战士是一位 30 多岁的女人。相比其他墓地，BJ581 所处的地理位置较为优越，陪葬品中有一套完整的作战装备，其中包括一把剑、一把长矛、一个盾牌和两匹战马等。这是一项重大的考古发现，它为研究人员研究妇女在维京社会中扮演的角色开辟了一个新的视角。

比尔卡是一个贸易、文化双开放的地区，它坐落在比约克岛的“黑土区”，全盛时期拥有 1000 ~ 1500 个居民，其中大部分是商人、工匠和战士。从岛上的小山包望去，比尔卡和维京人的小木屋被一片高高的绿草簇拥着，景色格外壮丽。在维京时代，比尔卡船只往来频繁，人们远道而来，在这里交易贵重的货物、锋利锃亮的武器、用黄金和琥珀做成的饰物、羊毛、亚麻和丝绸质地的彩色织物，以及一些生活必需品和原材料，比如铁和动物毛皮。

镇上的工匠非常擅长金属加工，他们是出色的金匠，会做梳子和珠子，了解编织的技巧，能造出高速且容易操作的船，载着航海家乘风破浪，直达黑海和地中海。维京人的大市场即便是在冬天也会开放，他们在厚厚的冰层之上赠送、交换货物、竞价拍卖。“礼物仪式”在维京人之间盛行，他们建立并遵守着礼尚往来这个不成文的规定。维京人常以银之类的贵重金属，特别是硬币形状的银作为货币，因为这些金属本身就具有极高的价值，并且便于运输。

比尔卡流传着许多奇闻逸事，有的关于相信命运的北欧人，有的关于骄傲的探险家，有的关于不知疲倦的航海家和勇敢而嗜血的战士，还有的关于精明的商人和优秀的造船工程师。维京人在外骁勇善战，但当他们回到自己位于某个海湾的家时，就会切换回渔民、牧民和工匠的身份。尽管如此，他们也时刻准备着在夏天踏上新的征程，去征服另一片土地。

维京人注重个人卫生，一周洗一次桑拿浴。他们热爱诗歌，其传统一般都是在人们的口耳相传中保留下来的。维京女人们自由又独立，她们可以自主选择丈夫，若在婚姻中遭到苛待，可以申请离婚，她们关注外表，会仔细梳理头发，也会化一点眼妆，有的甚至精于打仗，能上战场。

那么镇上的厨房里会有什么呢？维京人以肉为主食，最常食用猪肉和羊肉，他们一般会将其熏制和烘干，以便更好地保存起来。维京人尤其喜欢蜂蜜，它象征着好客和慷慨，

是节日庆典上不可或缺的食物。面包也极具象征意义：维京人在火化死者时通常会在旁边摆上小圆面包，而这其中有一些并没有完全被烧毁，考古人员在比尔卡发掘了 60 多个，它们是研究维京人生活方式和习惯的重要史料。

今天，维京人的故事吸引着越来越多的人。传说中的维京战士如郎纳尔·罗斯布鲁克和比约恩·迪·费罗的丰功伟绩也被拍成了电视剧《孤国春秋》和《维京传奇》，给人们开辟了一条走进维京历史的通道。在剧中可以看到，维京战士不穿制服，也并非巨人，作战时要用很大的盾牌抵挡刀剑的攻击，头上戴的也不是人们认为的那种有角的铁头盔。这些剧给我们呈现了一个全然不同的维京世界。

维京人的船无论大小（从大到小分别被称为德拉卡尔、卡尔维、卡纳尔），都非常灵敏，噪声较低，船头一般会有一个龙图案的雕刻，船帆是方形的，船上配有众多划桨，锚绳一解，就能在北欧汹涌湍急的海面上乘风破浪。船的龙骨很低，即便遇到河流和峡湾，也能顺利通行。

有一些维京船被完好地保存了下来，现陈列于奥斯陆维京船博物馆，如著名的“奥赛贝格号”。这只船由橡木制成，长达 22 米，宽 5 米，船头和船尾都有雕刻，极有可能仅在沿海短途航行后，便被用作棺墓。考古人员于 1904 年在挪威一个农场附近的大型墓冢中发现了它，揭示了许多有关斯堪的纳维亚古代居民的奥秘。

许多维京船都极富传奇色彩，伟大的维京探险者甚至还曾驶着它们远赴北美洲寻找肥沃的土地、木材和其他原材料。传说，“红发埃里克”在格陵兰岛建立了殖民地之后，仍不断向西探索，或许这就是传奇之所以能成为传奇的原因。

老城的秘密

而我也要扬帆远航，我要和一个会吹口哨的水手长一起乘着双桅帆船航行……我要坐船到一个陌生的岛屿去寻找埋藏的宝藏。

——罗伯特·路易斯·史蒂文森
《金银岛》

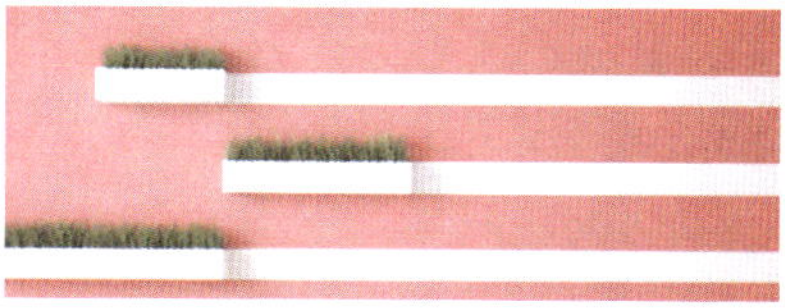

已经到了年末，天气还跟往常一样冷，现在是晚上5点，斯德哥尔摩下着雪，黑暗已将它笼罩了好长时间。老城的小巷子里寂静无声，西长街上熙熙攘攘的人群已经散去，整整一天，游客们都穿梭在这条街上，挑选着纪念品、圣露琪亚的木制雕像、玻璃烛台，还有印着“瑞典公主”的文化衫。

空气很闷，中世纪的街道被一层厚厚的积雪覆盖着，路上一个行人都没有，铁锈色和芥末色的房子里闪烁着烛光，透过还未拉上窗帘的窗户可以看到燃着的蜡烛。街上的店铺早已拉下卷帘门，关上大门结束营业了，但招牌依然亮着，只有铁广场的几家咖啡店和大广场上几家被水蒸气朦胧了橱窗的老店里还有窸窸窣窣的响声。这会儿，大广场上的圣诞集市已经收摊了。

几步开外就是王宫、坐落在桥船路上的巨型圣诞树、停放着众多穿过波罗的海前往赫尔辛基的轮渡的拥挤码头，只要拐个弯，就能体会到置身另一个年代的感觉。

斯德哥尔摩老城大广场上的建筑物

老城又被称作“加姆拉斯坦”，是斯德哥尔摩最古老的聚居地，主要包括城岛和其他几个小岛，是欧洲保存最完好的中世纪风格的历史中心之一。这里最古老的建筑可以追溯到1200年，但大多数日耳曼风格的建筑建于18～19世纪。老城现有3000个居民，它落后于时代，是高度现代化的瑞典首都里的另一个世界。

老城是人们心中理想的居住区域，这里的房子大都经过精心翻修，比建于19世纪后期港口地区的那些房子要好很多。

关于老城的过去，流传着许多故事和传说。它的秘密藏在斑驳的城墙和中世纪的街道上，藏在宫殿的两道大门里，还藏在那条仅有90厘米宽被人们称为莫尔滕·特罗齐希巷的窄巷子里。游客们跟着导游穿行在这条全城最窄的巷子里，听他们讲述着王子、水手和鬼怪的故事。斯德哥尔摩还有一条“灵异秘径”，人们可以沿着这条路在老城漫步，聆听那些有关谋杀、处决、神话、未解之谜和传奇人物的故事。

晚上，游客散去，巴格街回归安静，这时候住在这里会很惬意。从大大的窗户和楼房的顶层能将斯德哥尔摩和大海的美景尽收眼底，就仿佛站在那些古老的灰色石阶的最高一层，要走进一片静谧的绿洲。起初，巴格街只是人们口中的“城墙东边的一条路”，1536 年，国王古斯塔夫将位于巴格街 30 号的房子赐给了海军上将雅各布·巴格，因此，16 世纪末，人们就以他的名字来称呼这条街。

巴格街上有许多房子都“大有来头”，这里的 14 号曾住着瑞典第一位女歌剧家伊丽莎白·欧林；27 号坐落着斯德哥尔摩最古老的房子；23 号则是一个妓院，18 世纪时经常接待港口的水手。过去，巴格街 17 号一部分是住宅，一部分是烟草仓库，传说，仓库的箱子里藏着一个宝物。巴格街所在的这片区域背靠港口，鱼龙混杂，杀人犯、骗子、不法商人常出没于此。

当年，有人常将宝物和船上的货物混在一起运到这里，收货人为避免当局的检查，一收到货，就会把它们藏到离码头最近的地窖中。那些装着贵重货物的箱子里可能还藏着一件价值不菲的银器，但它早已失踪多年，即便是在这栋楼的改建过程中（现已改建为住宅酒店），也未发现其踪迹，人们至今还在寻找它的下落。许多人似乎都对这件事的真实性深信不疑，但最后一份买卖合同表明，就算银器能被找到，它也应该被分成了许多小块，为不同的人所有。

东长街是老城最长的街道之一，早在 1400 年，人们就这样称呼它了。过去这里挤满了来往港口的人，而今却非常安静，路两旁林立的小型古玩店和离奇的艺术家工作室数不胜数。

东长街 51 号是另外一个有着悠久历史的地方，这里坐落着斯德哥尔摩的第一家餐厅——金色和平餐厅。多年来，这家经典的瑞典餐厅一直都是许多著名作家、艺术家和歌唱家的聚会场所，它自 1722 年开业以来，陈设几乎没有变过，一直保留着 18 世纪的独特氛围，《吉尼斯世界纪录大全》称其为最古老的室内不变的餐厅之一。

与国王共度周末

那是阳光明媚的一天，红砖砌成的城堡熠熠生辉，它的红色圆顶在蔚蓝天空的映衬下格外醒目。这是一座宏伟壮丽的宫殿，也是一座高大坚固的堡垒。

——库尔特·图科尔斯基
《格利普霍姆堡》

瑞典的秋天分外迷人，它有着明艳的色彩、柔和的光线、澄澈的天空、清新的空气和轻柔的风，全然不同于我们以往看到的萧瑟景象，这种特别的气象在北美被称作“印第安的夏天”[①]。如今，它也出现在北欧的土地上，为我们展现了一幅无与伦比的美景。

每年 10 月，斯德哥尔摩的公园里深深浅浅的红和黄交相辉映，倒映在一旁翠绿的湖里、深蓝的海里，绚烂多姿，美丽极了。那么，何不在一个晴朗的秋日乘火车出城来一趟短途旅行呢？在某个时光静止的地方，赶赴一场与瑞典历史的约会。

我们的目的地是格利普霍姆堡，它坐落在瑞典南曼兰省的玛丽弗瑞德小镇，离斯德哥尔摩大约 1 小时车程。玛丽弗瑞德位于梅拉伦湖中的一个小岛上，小镇就好像斯德哥

① 印第安的夏天，指冬天来临之前忽然回暖的天气，宛若回到了温暖的夏天。常出现在加拿大与美国的交界处。

尔摩的后花园一样。城堡宏伟壮丽，一如童话故事中描写的那样：红砖圆顶、花园、湖景。此外，这附近还坐落着赫约塔根皇家自然保护区，保护区的橡树已生长了数百年，100多只鹿在此栖息。

从斯德哥尔摩中央火车站乘火车到拉格斯特，再坐公共汽车，便可直达玛丽弗瑞德。此外，也可以沿着自行车道步行前往，在瑞典的乡村里漫步。这一路上，处处都是农场，远远就能看到梅拉伦湖和红砖圆塔。对于想在一个历史悠久的古镇度过一个悠闲的周末、欣赏秋天温暖灿烂的色彩、品味瑞典老店的美食的人来说，眼前的一切似乎是一个不错的开始。

格利普霍姆堡是瑞典十大皇家宫殿之一，建于文艺复兴时期，是瑞典民族身份的象征。城堡得名于历史人物博·琼森·格列普，14 世纪时，他在这里建立了一座堡垒。1537年，古斯塔夫一世将其摧毁并新建了一座加强防御的城堡，并以此作为皇家的行宫，今天，它也以这个身份为人熟知。

古斯塔夫一世是瓦萨王朝的创建者，1523 年 6 月 6 日被选为国王，后来这一天也被定为瑞典国庆节，他在瑞典历史上占有重要地位，被认为是瑞典之父，在反抗丹麦统治的解放战争胜利后，正式登上了王位。新任国王为巩固统治采取的措施包括：组建新的军队，制定新的法律，没收天主教会的财产，引进路德教派的信仰。古斯塔夫一世是现代瑞典国家的缔造者，他实行中央集权政策，重建了瑞典的金融和经济管理体系。

格利普霍姆堡于 16 世纪中叶建成，主要由四座圆形塔楼、大炮和防御墙组成，在瑞典历史上占有重要地位。这里完好地保存着当年的一些房间，如卡尔公爵的寝宫和天花板有装饰画的宏伟大厅。除此之外，古斯塔夫三世于 18 世纪命人搭建的剧院也值得一看。据说，这位国王非常喜欢上台表演。

城堡也以世界上最古老的肖像馆而闻名，这里收藏着 16 世纪至今瑞典历史上所有重要人物如瑞典公主、葛丽泰・嘉宝的肖像，数量高达 5000 幅。几年前，这其中的 60 幅绘画和雕塑作品还曾远赴美国华盛顿参加了一个有关“在美国的瑞典移民”的展览。

除了这些，狮子也是格利普霍姆堡的一大看点。格利普霍姆堡的狮子是国王弗雷德里克一世于 1731 年收到的礼物，它是第一只被从非洲大草原带到冰雪覆盖的瑞典的大型猫科动物，原本被关在斯德哥尔摩的动物园笼子里，很受国王喜爱，之后被做成了动物标本。但这项工作似乎完成得不是很好，凶猛的野兽在做成标本后，竟成了漫画中伸着长长的舌头、长着奇怪的眼睛、戴着假牙的滑稽动物。而这只“狮王”也因其怪诞的外表给人留下了深刻印象，现在居然还成了社交网络上的红人。

城堡和小镇的历史有着紧密联系。小镇得名于一座古老的卡尔特修道院，修道院的名字即为玛丽弗瑞德。城堡在 17 世纪逐渐为人熟知，前来参观的游客络绎不绝，其中还有一些从斯德哥尔摩前来拜访国王的人，小镇因此得到了发展。

最初，镇上的居民免费招待游客，为他们提供食物和住宿。这在当时被认为是缴纳官税的一种方式，在查理九世统治时期，这项税收已经相当繁重，居民们对此表示抗议并要求收取服务费用，因此，瑞典于 1609 年修改了相关法律。在这之后，斯德哥尔摩一家咖啡厅的老板德国人约阿希姆 · 斯莫克在小镇上开了第一家旅馆。经过了漫长的几个世纪，这家旅馆有偿接待了这里第一批真正意义上的游客。

就这样，格利普酒店（瑞典语的意思是“房东的家”）诞生了，它在小镇上那些浅色的木制房屋中尤其显眼。需要注意的是，城堡并非全年开放，常有很多游客乘兴而来，败

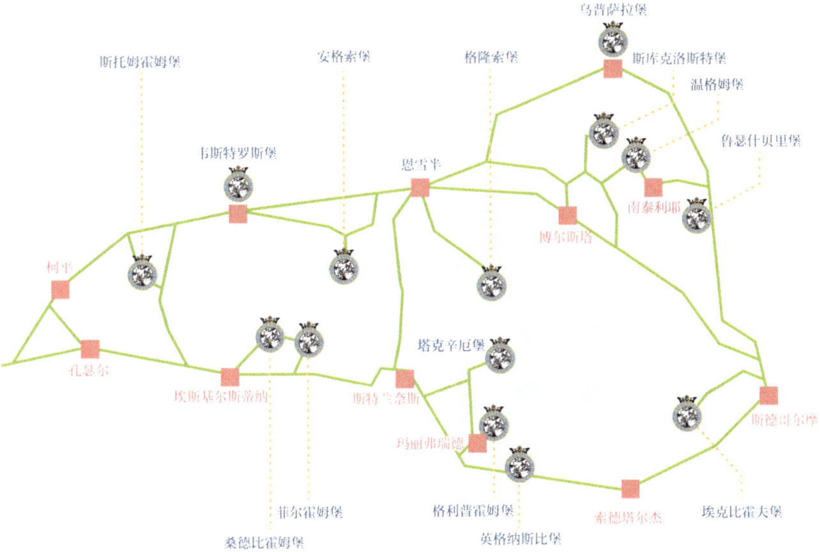

梅拉伦湖区的城堡

兴而归。城堡里的房间又大又冷，要给所有房间供暖实在是一项困难又大花费又高的庞大工程。因此，直到今天，城堡在冬天仍对外关闭。

20 世纪 80 年代末，人们在对酒店进行翻新时，挖掘出了 15 世纪的修道院遗址，为人们揭示了小镇另一段历史，要知道，小镇正是以这个修道院的名字命名的。

如今，每逢周六，人们都乐于在玛丽弗瑞德的老牌餐厅享用一顿早午餐，坐在餐厅的窗边一边欣赏宏伟的城堡，一边品味小镇的历史。每当人们还沉浸在老店轻松愉悦的氛围中时，各种各样的瑞典传统食物就悄悄上桌了，腌制三文鱼、肉丸、虾酱吐司、馅饼、汤、各色甜点应有尽有，令人眼花缭乱。在这里，除了巍峨的塔楼，食物也是历史的见证。

格利普霍姆堡对于那些喜欢历史的人来说，绝对是游览的好去处。它是梅拉伦湖区十四大城堡之一，是瑞典的建筑瑰宝。昔日的皇家宫殿、私人宅邸、贵族庄园已被改造成博物馆和酒店，接待着在夏日纷至沓来的游人。湖区的城堡各有千秋，如巴洛克式的斯库克洛斯特城堡，它坐落在科尔拜克河与梅拉伦湖交汇处的一座小岛上。

而塔克辛厄城堡则是奥古斯特·斯特林堡的灵感源泉。作家在年轻时结识了城堡的女主人埃巴·奥古斯塔，后来以她为原型，创作了著名的《朱丽小姐》。塔克辛厄城堡的身影也出现在多部电影中，如 1972 年由丽芙·乌尔曼主演、英格玛·伯格曼执导的《呼喊与细语》，1922 年由比尔·奥古斯特执导、伯格曼担任编剧的《善意的背叛》，该部电影改编自伯格曼的自传，讲述了他的父母亨利克和安娜的故事。

极地探险家

极地对于那些去过的人来说是一种无法抵抗的诱惑……那种精神绝对自由的感觉……那种无边的孤独会让人觉得自己是自己的国王。所有这些，一旦体验过就永远无法忘怀，那是一种让人无法抗拒的魅力。

——翁贝托·诺比勒

北极之旅在令人向往着迷的同时，也令人心生畏惧。1969年由肖恩·康纳利和克劳迪娅·卡迪纳莱主演的电影《红帐篷》就讲述了极地探险中一个惊心动魄的故事，它改编自1928年意大利飞艇坠毁的真实事件。

若想了解意大利历史上失败的探险任务，如意大利探险团在“挪威号”成功飞越北极的前几年进行的极地探险、从格陵兰岛到西北航道的极地探险，可以前往坐落在比格迪半岛的“前进号”博物馆。

参观“前进号”博物馆既是一个回顾历史探险事迹的机会，也是一个展望充满未知的未来的机会。北极是一个天然的大型实验室，但也是我们星球上最脆弱的地区，它正面临着气候变化和全球变暖的威胁。挪威、瑞典、丹麦和芬兰意识到了这一点，与加拿大、美国和俄罗斯共同创立了北极理事会，旨在加强各国和北极各地区之间在可持续发展和环境保护问题上的合作与互动。

如今，冰雪消融的速度正随着全球气温的上升而不断加快。各项国际研究表明，北极海冰面积再创历史新低，仅一年就失去了相当于爱尔兰大小的一块冰。除此之外，北极的微塑料也越来越多，这种微小的塑料颗粒大部分来自包装材料、船舶涂料、尼龙渔网和香烟滤嘴，它掺杂在冰里，对环境有一定危害。北极的未来关乎整个地球的未来，意大利就有研究人员投身于意大利位于挪威瓦尔巴群岛的北极研究站，为北极的环境问题贡献自己的力量。该研究站由意大利国家研究会组建，名字正是翁贝托·诺比勒在北极探险时驾驶的“意大利飞艇”。

实际上，游客们在正式参观“前进号”博物馆之前，会先看到一段录像，它记录了世界上那些敢于挑战北极严苛环境的探险者的丰功伟绩，他们用自己的知识为人类社会做出了巨大贡献，这段录像将会带人们回到探险家的年代。博物馆首先详细介绍了探险船“前进号”的三次探险任务，早在19世纪，“前进号”就开始了它的探险之旅，然后是“莫德号”、一些飞机和飞艇的故事。这里除了展示着修复过的探险船，还设立了一些互动项目供人们体验。

“前进号”是这里真正的主角，博物馆就是以它命名的。

“前进号”探险船

这是一条专门为极地探险设计的船舶，挪威人亲切地将其称为“老妇人”。1893 年至 1912 年间，“前进号”一直被用于极地探险，它在第三次也就是最后一次任务中载着著名探险家罗尔德·阿蒙森成功抵达了南极点。

“前进号”完成最后一次极地探险成功返航的几年后，挪威对其进行了修复，这使得我们在今天还能再见到这艘坚固的木船，它是当之无愧的镇馆之宝。在博物馆能身临其境地感受到极地的气候和氛围——探险船被柔和的蓝色光线笼罩着，给人一种极其寒冷的感觉。

“前进号”对参观者开放，人们可以登上两旁的楼梯近距离观看船员舱，这里空间虽小，但装修得却相当不错，船员们的个人随行物品也都一一保留在其中。也可以登船参观南森的房间、机舱、厨房和货舱，船上还有一架古老的钢琴。博物馆收集着探险家斯维尔德鲁普执行探险任务时船上载的所有东西，后来这位著名探险家也成为“前进号”委员会的第一任主席，负责筹资修复这艘船。

在“前进号”博物馆进行的极地探险之旅中，除了能看到航海图、日记、罗盘和六分仪，博物馆里的弗雷门海姆咖啡馆也值得驻足停留。它由七个不同的小木屋组成，每个小木屋都贴着极地探险的照片。咖啡馆以木屋的假窗户为幕布，放映着有关北极光、针叶林和苔原上的动物以及史上著名探险任务的视频，“挪威号”飞艇的故事就在其中。

时至今日，“挪威号”飞艇飞过奥斯陆上方的景象仍历历在目。当年，在意大利政府、挪威航空俱乐部和美国人林肯 · 埃尔斯沃思的赞助下，“挪威号”完成了首次飞行。

2016 年，距飞艇首次飞行已经过去了 90 年，意大利和挪威分别举办了学习日和庆祝活动致敬制造飞艇的公司。

飞艇由意大利人翁贝托 · 诺比勒设计，最初被命名为 N1，后来被挪威航空俱乐部买下，从而更名“挪威号”。它于 1926 年 4 月 10 日在罗马钱皮诺机场起飞，5 月 12 日越过北极，是历史上首次飞越北极的飞艇。本次探险活动由诺比勒担任指挥，挪威探险家阿蒙森领队，阿拉斯加是本次行程的终点。任务结束后，诺比勒升为将军，但他与阿蒙森的关系也越来越僵。

一直以来，诺比勒都梦想着进行一次真正的科学考察。“挪威号”成功飞越北极使他受到了极大鼓舞，1928 年，他驾驶“意大利号”飞艇再次前往北极。此次任务由意大利独立执行，为了研究北极的地理、气象、海洋，随队出发的还有三名科学家。但遗憾的是，本次探险以失败告终。飞艇在返航途中撞毁在冰面上，探险队员四散分离，被困浮冰长达 48 天，在那些没有夜晚的日子里，饥饿和寒冷一步步吞噬着他们的体力和意志力。

在他们之中，瑞典气象学家芬恩 · 马尔姆格伦对极地非常着迷，他出发之前，曾在录影中说：“极地是神秘的、孤独的、美丽的，也是纯洁的。”但这个地方同样也有死亡。马尔姆格伦也曾在那片茫茫的宇宙中无望地寻找过返航的路，但终究徒劳无益。事故发生后，罗尔德·阿蒙森前往救援，却在救援途中不幸丧生。

那么，事故究竟是怎样发生的呢？1928 年 5 月 25 日，“意大利号”执行第三次探险任务，飞越北极点之后，遭遇暴风雪，撞毁在冰面上。猛烈的撞击使机舱分离出来坠落到了冰面上，1 人当场死亡，诺比勒和其中 8 位队员得以幸存，但其余 6 个人却被飞艇带着飞向了天空，永远地消失了。为了能让搜救队在这片白色的荒原中发现他们，队员们用用于高空测量的物质苯胺将帐篷涂成红色，在里面避难，这就是著名的“红帐篷”，它自 1950 年起就被置于米兰国家科学技术博物馆展出，在庆祝“意大利号”飞越北极上空 90 周年之际，博物馆对其进行了修复。

后来，在国际救援队的努力下，探险队员们于北极的浮冰区得救。遗憾的是，在此次的营救过程中并没有出现意大利救援队的身影。为配合救援行动，诺比勒最先接受了一架瑞典飞机的营救，但随后却被视为懦夫，被指控为灾难的发起者。在饱受争议、满含遗憾的情况下，他离开了航空业和意大利，多年后，其名誉才得到恢复。今天，人们可以在意大利军事航空历史博物馆看到当年有关此事的文件和报纸，博物馆位于罗马附近的维尼亚迪瓦莱。

北欧依赖症

我想到，这世界上有多少个地方能以这种方式属于一个人，他的血肉早已融入这片土地，而其他人对此却一无所知。

——切萨雷·帕维斯
《山上的魔鬼》

每个人的内心深处都埋藏着一个特别的地方，它让我们感到轻松，让我们有家的感觉，让我们牵肠挂肚，这或许很不可思议，但它就是存在着。那里的每一个角落都有特别的意义，每个画面都能唤起不同的记忆，我们迫不及待地想要探索它、了解它，置身于此，会开阔我们的眼界，重塑我们的观念。在我心中，斯德哥尔摩就是这样的地方，我曾通过书本无数次想象过它的样子，后来终于在 12 月的一个雪夜踏上这片土地，从那时起，我就不可救药地爱上了它。

这里就是我的“草莓乐园”，也就是瑞典人口中的“SmultronstŠlle”[1]。它让我感到安静、平和，就好比英格玛·伯格曼想象中的那片净土，每一次离开，我都期盼能够尽快回来。伯格曼是斯堪的纳维亚文化的象征，在 2018 年他的百年诞辰之际，世界各地都通过放映相关影片、举办各式活动向其致敬。

① SmultronstSǏle，意思是采野草莓之地，有世外桃源、安乐之地的寓意。英格玛·伯格曼导演的一部电影就是以此命名的。

每当我感到焦躁不安时，就会唤起童年记忆让自己放松下来。那天晚上，我也那么做了，我试图回到儿时的夏屋，回到那片草莓地，回到我梦寐以求记忆中或经历过的一切。

在等待从阿兰达机场到市区的火车时，我就忍不住上扬起了嘴角。在大海和湖泊交汇的地方，我会步行走过国家桥，我们私下常将它称为“世界上最冷的桥”，我将在那些方形石砖上留下我的脚印。我看向西边，目光越过市政厅，在快速移动的云和飘散的新鲜空气中寻找地平线。我在人群中穿行，看着老城的万家灯火，想到这其中有一盏是为我而亮的，就迫不及待地想要回去，转动钥匙，打开家门。

我正在大自然中漫步，通往技术博物馆的这条路，一年四季都会让我感到无比平静。秋天，草地上铺着黄色的地毯；冬天，海水藏在厚厚的冰层之下，整座城市都披上了白色的外衣，仿佛一座与世隔绝的小村庄。每个人都悠闲自在、幸福快乐地生活着，叫人想起夏季时和朋友们在卓宁霍姆宫的草坪上野餐的快乐时刻。

但灾难却不会因为它的幸福洋溢而“手下留情”。直到今天，2017 年 4 月 17 日发生的悲剧仍让人们无法释怀，它是瑞典人乃至我们所有人的痛苦回忆。这一天，在斯德哥尔摩市中心的步行街发生了恐怖袭击，一辆卡车撞进了坐落在皇后大街上的购物中心奥兰斯百货。

我在电话中得知这个消息时难以置信，它就像巨石一样砸中了我的心。现场的伤员和遇难者不在少数，场面极度混乱，人们惊慌失措，纷纷躲在甘草广场的大门后面。人们相互传着信息，问候亲友的安危，交通极度堵塞，在这个我一直认为很安全的地方，恐惧充斥着这里的每一个角落。石狮被撞飞了，我想起那些广告牌、那个广场、那座蓝色的建筑，它们清晰地印在我脑海中……就仿佛在斯德哥尔摩遭受袭击的那几小时，我也在场。

但人们很快将恐惧、慌乱化作团结，凝结成一颗强大的心。人们聚在赛格尔广场，沉默着，拥抱着，低声唱起了国歌：

你古老而自由，身处北国群山。
你宁静而美好，令人心旷神怡！

正如由民谣演变而来的国歌中唱的那样，这是一片“人间最可爱的土地”。在袭击发生后不到一年，皇后大街上的石狮就回到了它们原来的位置，并且比以前更威武、更坚实、更自豪。

实际上，“瑞典依赖症”会随着我们走过的路、经历过的故事而缓解或加重，新目的地的语言、文化、历史、展览、电影、美食无一不会勾起人们脑海中关于瑞典的记忆，那是每个人心中独一无二的珍藏。我常常用在斯德哥尔摩“条理&规范”文具店买的笔记本记笔记，记录灵感、做翻译、记单词，这些绿色、粉色、蓝色、紫色的本子总能令我想起瑞典，它们是我生活中不可替代的物品。

我学习瑞典语实则出自偶然，起初，我只是试着读懂斯德哥尔摩街头的路标和广告，后来它慢慢成了我的热情所在。学一门新语言会让人受益良多，它可以使大脑更长久地保持年轻，最重要的是让人感到快乐。它还可以提高我们的智力，帮我们更好地生活，就好比阅读一本书、弹奏一种乐器。在学习过程中，我们需要记单词、学习语法、练习发音等，这些都是宝贵的财富，不仅仅对将来的交流有好处。

许多专家认为，学外语的人，其思维会更加灵活，会更容易融入其他文化中。掌握更多的语言就意味着拥有更多的可能性，发生更多的故事，对生活有着更高的满意度。用一句瑞典语来概括学外语，那就是“学一门新语言就意味着过一种新生活”。

近年来，北欧语言备受追捧，甚至形成了一个小规模的学习热潮，这种热潮在意大利首先始于米兰，其中，瑞典语最受人们欢迎，冰岛语也有一小部分受众。那些主修瑞典语的学生一般是出于需要和兴趣学习，他们是移民的主力军——瑞典除了本身就具有极高的人才吸引力，还积极挖掘高素质人才并为他们提供许多机会；这些人中还有一部分想投身翻译事业，专注某一领域的翻译工作。然后就是单纯的语言爱好者，他们就是想挑战一门新语言，在新单词和新语法之间开启新的冒险之旅。

斯堪的纳维亚语起源于古诺斯语，而古诺斯语是古日耳曼语族的一个分支，因此它在某种程度上与英语也是相通的。中世纪以来，随着两种语言的进化，它们的差异也越来越大，但只要稍加练习，还是能轻而易举地在单词词根中找到相似的痕迹，这一点在书面上尤为明显，但发音上的差异就比较大了。值得一提的是，芬兰语是独立于北欧语系之外的，它属于芬兰－乌戈尔语系，与爱沙尼亚语和匈牙利语更为接近，因此芬兰语会更难学，因为它与我们熟悉的语系联系很不密切。

如今，北欧各国的语言差异正日益扩大，但瑞典人、丹麦人和挪威人仍能在一定程度上理解对方的语言。研究表明，挪威人可以理解 99% 的瑞典语、92% 的丹麦语，而这种语言的转换对于丹麦人和瑞典人来说就比较难了，他们只能相互理解对方语言的 69%。因此，以哥本哈根和马尔默为背景的电视剧《桥梁》（瑞典语为“Bron”，丹麦语为“Broen”）运用了两种语言。在剧中，瑞典警察佐贺 · 诺伦和丹麦警察马丁 · 罗德各自讲自己的语言，之后被翻译成对方的语言而呈现在字幕中。这可谓是一种极具北欧特色、非常多元化的做法了。

了解更多

想要了解更多有关北欧的故事，可以登录相关人物、地点、组织、活动和博物馆的官网进行查询。以下是一个简单的清单，读者可以按照划分好的类目探索自己感兴趣的主题。不论是想追寻阿巴的歌声、想知道哪些电影是在芬兰拉普兰地区拍摄的、想邂逅骑自行车的芬兰人、想欣赏卡尔·迈尔斯的雕塑、想参观阿尔瓦·阿尔托的家，还是想了解赫尔辛基海上要塞芬兰堡的历史、了解有关诺贝尔奖的最新资讯、参观奥斯陆的挪威民俗博物馆、欣赏哥本哈根的当代艺术展览、参与斯德哥尔摩的设计周，抑或是想去北欧的花园和鲁森达尔小镇的温室摘花，都能从这些网站上获取到一些有用的信息。

社会与生活方式

www.abbathemuseum.com
www.cycling-embassy.dk
www.happinessresearchinstitute.com
www.kista.com
www.newnordicfood.org
www.nobelprize.org
www.nordiskamuseet.se
https：//norksfolkmuseum.no
www.oresundsbron.com

设计与建筑

www.alvaraalto.fi
www.artek.fi
https：//barcodeoslo.no
www.designcentrehelsinki.com
https：//designdistrict.fi
https：//designmuseum.dk
www.designmuseum.fi
www.ittala.com

www.marimekko.com
www.stockholmdesignweek.com
www.vulkanoslo.no

自然与极地探险

https：//archipelagofoundation.se
https：//artic-council.org
www.destinationsandhamn.se
www.frammuseum.no
www.lapland.fi
www.suomenlinna.fi
www.rosendalstradgard.se
www.kirunalapland.se

历史与文化

www.kungahuset.se
www.kungligaslotten.se
www.nasjonalmuseet.no